KNOWING CHINA

〔美〕鄒至莊（Gregory C. Chow）/ 著

廖美香／譯

認識中國

南粵出版社

八方文化創作室

推薦語

　　中國需要瞭解世界，世界也需要瞭解中國，中國就是世界不可分割的重要組成部分。佔世界四分之一人口的中國的發展應是人類進步的福音。鄒至莊教授學貫中西，長期在西方從事學術研究，又一直以華人一分子的身份，關注中國的發展歷程。因此，他寫的這本書能夠以它獨特的視角，架設中西間理解的橋樑。我相信，不論是中國人，還是西方人都會因閱讀它而受益。

——原中國教育部副部長

中國工程院院士　韋鈺

中國有五千多年的歷史和文化，近代也經歷了不平凡的演變。要研究中國問題，就必須先認識中國的各方面——文化、歷史、思想、制度和演變。很多評論和研究的偏差，都是因為沒有全面認識中國。鄒至莊教授學貫中西，認識中國，也瞭解美國的文化和思想。他《認識中國》一書深入淺出地道出誤解中國的根源，對象不單是一般讀者，更應該是研究中國問題的人士。

—— 香港行政局議員（1992-1997）

嶺南大學校長（1995-2007）　陳坤耀

鄒至莊對於複雜的政治、經濟、社會現象的觀察，有遠比一般人更為高明的洞察力與解析力；尤其談到中國人口問題，充分發揮了其深厚的學力，對如此高度爭議性的政策課題，提出了極具說服力的觀點。本書令我讀來有一種溫故知新，相互發現的喜悅。

—— 台灣海峽交流基金會前副秘書長

東吳大學公共政策教授

香港鳳凰衛視著名評論員　石齊平

鄒至莊教授處理"認識中國"這樣的大題目，給我一個"如烹小鮮"的感覺。對中國歷史、日常生活、以至政治改革及與美國關係等方面的論述，他皆有獨特的切入點，見微知著，且能提供有趣的背景資料，使一般讀者容易掌握問題所在。由於鄒教授在中國有豐富的親身經歷，又長期在美國工作、生活，對雙方許多理念上的差異都有深刻的瞭解，故能在此書澄清西方對中國不少的誤解。其實，許多海外的中文讀者對中國的認識也很有限及偏頗，此書的中文翻譯本對他們也具參考價值。

——香港特別行政區行政長官特別顧問 (1997-2002)

香港政策研究所主席　葉國華

鄒至莊出生於中國內地，在西方追求學術研究達半個世紀之久。自八十年代早期已熱衷於在中國大陸作育英才，並從事政府顧問工作。他在書中把自己的經驗一一透露，談來繪聲繪色，又對中國的歷史、現況進行考察，對未來有所預測，本書極具權威可信，卻不失淺白。

——諾貝爾經濟學獎得主　密爾頓·弗里德曼 (Milton Friedman)

從作者的專業知識領域出發，他提出中國在統計數字具可信性的研究及見解，有相當精闢的分析及見地。我亦十分欣賞作者從經濟學角度去理解，甚或解決中國的貪污問題。

　　　　　　——英國杜倫大學當代中國研究中心主任　張志楷

　　我把鄒至莊的草稿翻來覆去，看得津津有味。他在書中對中國的闡述，具有相當的廣度及深度，風格直率，非常可觀。總之，我認為它極好。

　　　　　　——著名建築大師　羅伯‧范裘利（Robert Venturi）

　　鄒至莊又一次寫了一本與中國有關的書籍，它非常卓越，可讀性強，涵蓋了歷史、文化、人口、政府制度，以及經濟以外的題材，任何人要對中國展開初步的瞭解，我強烈地予以推薦。

　　　　　　——諾貝爾經濟學獎得主
　　芝加哥大學經濟學教授　加利‧貝克（Gary Becker）

中國的發展歷程是一個精彩的故事，而這個泱泱大國的未來發展將牽動全球人。鄒至莊的著作是一本具思考性、權威性和可讀性的書籍，讓我們對這些發展有所認識和更加瞭解。

——美國前國務卿　喬治・舒爾茨（George P. Schultz）

這是一本優秀的著作。我很喜歡翻閱這部著作，並從中獲得不少知識。

——1976 年諾貝爾物理獎得主　丁肇中（Samuel C C Ting）

目錄

前言

　　2003 年 9 月 22 日英國《金融時報》刊登了一篇評論，題為 “為什麼歐洲已成過去，美國為現在，而以中國為首的亞洲則是全球經濟的未來”，可見，中國已被視為世界上一個擁有強大經濟及政治影響力的國家。但是，外界對她普遍缺乏充分的認識。本書的主要目的是期望填補這個空白，讓人們對中國有更多的認識，並澄清外界尤其是西方對中國的種種誤解。

　　中國五千年歷史，充滿刺激、令人神往，人們深受中國文化的薰陶，顯得尤其聰慧且才華橫溢。雖然中國《憲法》說明國家奉行社會主義，但她的經濟帶有資本主義性質，而且其經濟水平並非人們想像中窮困。依我的見解，她的生產總量將於 2020 年超越美國。至於中國 13 億人口，也不成問題，事實上一個龐大人口存在的好處不少。外界經常批評中國尚未發展出一個仿如西方的良好的司法系統，但人們經商時就會明白到中國人的商業規則，這建立在道德基礎之上，其運作尤如法

律般可在一定程度上規範着人們的操守。中國的教育系統有其
優勢及弱點，科學頗為先進，其科技正呈爆炸性發展。不少西
方人士，尤其美國人對中國人生活情況的認識，仍停留在"文
革"時期。中國實施經濟改革政策，距今已25年，中國人已
生活得頗為愉快及自由。中國政府於建國後的20年犯了多項
錯誤，而現在新一代的官員已變得非常能幹，為人民作出不少
貢獻，大多數中國人都支持他們的政府。上海及香港是中國非
常富有活力的現代化城市。上海在很多方面比紐約還要先進，
2003年3月28日美國前財政部長魯賓（Robert Rubin）到訪
普林斯頓大學時也發表類似講話。中國仿似一個偌大的花園或
博物館，內有無數刺激和有趣的地方供遊客遊歷探索。對於中
美外交，美國與中國合作成為夥伴，將有利於美國在全球的領
導地位。上述的要旨，將在本書中一一闡述。

　　近年經常往來中國的人們，將會意識到中國在多方面都
很成功，而且會傾向於我在書中的大部分觀點。即將首度拜
訪中國的人們，先行閱讀本書，會對他們非常有用。對於其他
各國的人們，無論身處美國或西方其他國家，將在日常生活中
愈來愈感到中國的存在，原因是更多的中國產品將輸往世界各
地，中國也為他們提供更多的投資機會，而且正深受肯定；更
多的中國人也會環遊世界；美國政府亦將與中國關係更為密
切，以維持在國際社會中的領導地位。

　　我少年時生長於中國內地、香港及澳門，直至1948年我
在廣州的嶺南大學完成首年課程，一直受到中國式教育的薰

陶。之後我轉到美國康乃爾大學（Cornell University）留學，並定居下來，55 年來我已不斷修正自己中國式的思維，並融合着美國式的想法。作為經濟學家，我傾向於以經濟理論思考，而經濟學的思維影響了我對其他事物如文化的看法，正如第二章開首所見。經濟學家懂得欣賞無形之手的運作，往往贊同一個社會以市場導向多於政府計劃的經濟體制，而且寧可自由運作多於政府干預，只要政府保證了法治與秩序就可以。作為一個學者，我已出版了 11 本書，大多數都是學術性的。這是我第一部以大眾為讀者對象而撰寫的書；當然，如果有教授指定其作為某些學科的教程，我並不會反對。

同時，我是一個現實主義者。我在多方面不是一個典型的學究，部分原因是我曾在 IBM 工作，經歷過八個令我興奮的年頭，部分也由於我必須要處理現實生活中的經濟及政治問題。我於上世紀六十年代開始為台灣地區的領導人及高官作顧問，且八十年代開始為中國大陸政府當顧問，這都使我變得更為面向現實。現在我仍然活躍於海峽兩岸，與兩地政府的官員經常互動對話，就商貿、教育及科研方面交流意見。自八十年代初開始，我每年總花上六至八個星期，到訪內地、香港及台灣兩至三次。當我討論到中國時，我不只是一個觀察者，而且也是在這個華人圈子的其中一員。因而我從中學習到不少關於中國的事物，在書中將與讀者分享，部分是與內地中高層官員合作時的經驗之談，本書第六章會詳細談及。

從本書目錄中的九個章節標題，就可洞悉本書的內容。第一章關於中國歷史，讀者最好先閱讀，其後的章節可以不分先後，根據自己的興趣穿插翻看。每章將提供一些基礎資料，我對不同的主題亦會提出自己的觀點。

　　我撰寫本書時得到多方友好的支持。當本書多個章節完成初稿時，我把它送給友好閱看，取得很多有用的建議：加利・貝克（Gary Becker）、鄒善智（James Chow）、Peter Dougherty、Paula Duffy、方聞、密爾頓・弗里德曼（Milton Friedman）、Bruce Gilley、Michael Intrilligator、蘇珊・索羅門（Susan Solomon）、陳國威（Jack Tchen）及羅伯・范裘利（Robert Venturi）。草稿後來又得到鄒陳國瑞（Paula Chow）、胡守為、林壽海、梅建平、方博亮（Ivan Png）及朱珮的大力幫忙。此外，何惜薇對英文版細緻的審校、廖美香對中文版的悉心翻譯，為本書而反覆修訂，使內容更臻完美。我要對上述人士一一致以深切的感謝。無論如何，書中一切意見或可能存在的失誤均由我個人承擔。

鄒至莊

於美國普林斯頓大學

2003 年 9 月

再版前言

　　本書在 2004 年出版後將已十多年。在這十多年裏中國經歷了巨大的變遷，應有再版的需要。但當我把第一版再讀一次後，發現內容仍然適合今天的讀者，只需要把其中三章的內容補充如下：

　　在第三章加了最後一節解說中國經濟體制改革的過程和今天中國經濟的處境與展望；在第七章加了最後一節討論中國政府對建設城市的計劃；在第九章加了最後一節，報道這十多年來中國的生產總值與美國對比以後中美關係的變化。

　　近年來筆者出版關於中國經濟與社會問題的書籍簡列如下，供讀者參考：

《中國經濟隨筆》，中信出版社，2010

《鄒至莊論中國經濟》，八方文化，2012

《中國的經濟與社會問題》，八方文化，2014

China's Economic Transformation (3rd edition), Wiley,

2015

Routledge Handbook of the Chinese Economy (editor),
Routledge, 2015

《中國經濟指南》（主編），清華大學出版社，2015

《中國經濟評析與政策》，八方文化、中信出版社，2016

鄒至莊

於美國普林斯頓大學

2016 年 4 月

壹

中國歷史的承傳

　　認識中國需要對其歷史掌握一些知識。中國歷史是一個牽涉廣泛又錯綜複雜的科目，我只能提供一些在我看來最合適及有趣的內容供大家瞭解。我尤其會強調那些至今仍產生深刻影響的中國歷史遺產。中國在全球舉足輕重，她擁有 13 億人口，擁有深厚悠長的歷史，她的傳統時時刻刻豐富着中國人的生活。1700 年中國已是一個相對富裕的國家，她生產不少高價值的產品，先是通過絲綢之路，之後越洋過海，出口到西方。自 1840 年中國開始積弱達一百多年，現在中國已逐步恢復在世界中原有的地位。以下我將闡述她的故事。

商朝（公元前 1600 - 前 1046）

先進的文化及豐富的人力資源

　　中國的歷史逾五千年，始於商朝或更早以前。中國文化於商朝時就非常先進，當時已有刻於龜背上的甲骨文。一些歷史學家狹隘地界定，歷史只包括那些已記錄的。即使如此，那些龜背上記載了商朝的一些事件，足以說明歷史至少始於商朝。人們求卜，首先告訴占卜者有關事項，問卜內容寫在龜背上，然後把龜背一烤，再從裂紋中找出答案。這些寫在龜背上的文字，是以符號的形式呈現，之後演變成為今天中國人的文字。那些符號或文字代表了太陽、月亮、人或其他物件，繪畫出來淺顯易明，人人皆懂。今時今日的中國字如“哭”、

笑
（Smile）

哭
（Cry）

（鄒至莊　題）

"笑"，都能讓不懂中文的人易於辨認、理解："笑"字像個開心的面孔，"哭"字像個流淚的臉龐。從博物館看到商朝出產的銅器，反映了當時先進的科技及藝術。

周朝（公元前 1046 - 前 256）

中國思想發展的黃金時期

數學於周朝（公元前 1100）時已頗為發達，從《易經》中潛藏了數學深奧的內容。這本書在很多美國的書店也可購買。除了《易經》之外，周朝還有其他作品廣為流傳，包括《詩經》、《大學》、《禮記》、《春秋》（後周時期歷史）。該時期有很多偉大的思想家，其中以孔子（公元前 551- 前 479）最負盛名，他被視為中國人文主義的始祖，並有"萬世師表"之稱。他建立了一套道德標準以引導人們的行為，並制定了一套倫理關係以規範社會各成員，包括皇帝與民眾之間，父母與孩子之間、老與幼之間、丈夫與妻子之間。我們將於第二章談到更多孔子的思想及對中國文化的影響，於第三章將談及其思想對中國經濟的影響。除了孔子之外，周朝後期還出現了多位重要的哲人，他們的思想也影響深遠。老子的道家思想主張回歸自然及依自然規律無為而治，老子認為，如果沒有法律，將無法可犯，也就沒有犯人。韓非子的思想則相反，強調治國要厲行用法。管仲則通曉較多經濟知識，建議以不同的稅制刺激

經濟。總之，當時有無數的思想流派，百家爭鳴，是中國文化
發展的黃金時期。該時期的作品，至今人們仍樂於誦讀。

秦朝（公元前 221 - 前 206）

統一全國、強勢政府

周朝末年很多諸侯國互相攻訐，競逐天子政權，史稱戰
國時代，其中有七國較強。這些國家得以成勢是由於周天子吞
併領土後，讓其親信及親戚管治，他們逐漸獨立，自稱為王。
經歷戰爭及外交遊說之後，秦王最後於公元前 221 年取勝。
秦國不只經濟富強，其軍事實力亦強大。秦王的能力過人，懂
得合縱之策，以打破六國聯盟對抗秦國。歷史學家曾歸因於六
國對秦國採取姑息政策，但秦國強大的軍力及善辯的外交，有
其成功之道。秦王預示自己統一全國後，秦朝將世世代代延續
下去，故自稱為始皇。

秦始皇的政績是令人鼓舞的，雖然不太符合道德。他是
一個非常強而有為的領袖，無論外交及軍事上的管理都出色
過人。在西安博物館，可以見到秦始皇利用過的高度發展的兵
器。西安以發現秦始皇陵墓內出土的兵馬俑而聞名天下。陵墓
大約直徑 1.5 千米，所出土的幾千兵俑只是守門的衛士，乃整
個陵墓的一小部分。秦王視死後的生活比在世更為重要，故投
放大量人力物力於興建陵墓，使其駕崩之後仍能享福。秦王墓

的建築非常複雜，當代的中國政府在現代科技等資源之下，仍無法發掘陵墓的主體。人們相信陵墓的內部結構獨特，不容易讓外來者在沒有受傷或損毀內部奇珍的情況之下就可進入。

秦始皇成功統一全國，作為一個政治實體，統一文字及度量衡。他深明權力分散於地方貴族，容易導致他們擁權坐大，管治上遂實行中央集權，把地區及地方首領處於中央政府之下。歷史學家對他主要的批評是下令焚書坑儒，人們的言論自由受到禁制；至於秦王聯結列國城牆，修補成萬里長城，有效抵禦外族，則被視為政績。

漢朝（公元前 206 - 公元 220）

強大帝國、獨尊儒學、偉大史家

秦朝維持了 15 年就滅亡。中國著名文學家撰寫文章說，秦朝衰敗是由於它的專制統治，對人們欠缺仁厚。秦始皇死後，他的兒子繼位而未能有效管治。前楚及漢的領袖冒起，兩個強大領袖爭奪天子的地位，只要看看中國象棋棋盤寫着 "楚河" 及 "漢界"，就足以使中國人對此記憶猶新。最初楚國較強，但最後輸給漢，漢朝建立（公元前 206- 公元 220）。楚國其實有機會滅掉漢的首領，楚霸王項羽邀請漢沛公劉邦赴宴，史稱 "鴻門宴"，圖謀將之殺害。晚宴間歌舞助興，只要楚王示意，舞者將拔劍殺害沛公。宴會只有四人，包括兩王各自的參謀。當晚歌舞歡樂，楚王並未給予訊息，舞者沒有出手將劉邦殺掉。負責籌劃這次宴會的楚國參謀感到非常失望，嗟歎楚國大勢已去！

　　這究竟是怎樣的一回事呢？該故事在《史記》中只記載了數句。《史記》也許是中國最偉大的歷史書，由漢朝司馬遷撰寫。普林斯頓大學歷史學家余英時教授曾撰文解說司馬遷所寫的幾句。余教授的文章題為"說鴻門宴的座次"，我對此文深有所感，文章指出四人的座位安排決定了中國歷史。司馬遷只花 60 個漢字來描述這次宴會，包括了四個主角及發生情況。每個字都是精心挑選，句子簡潔精練。我無意竊取他文中的見解及有趣的討論，在此僅說說故事的核心。漢王的參謀當時非常機智，他請漢王坐在僕人的位置，故對楚王來說該位置是投降的訊號，以示無需殺害他。在中國，無論過去或現在，宴會座位的輪次非常重要，以判定客人在主人心目中的地位。余教授對司馬遷的一段作出闡釋，展示了司馬遷文筆的簡練、準確及深度。

　　為了向讀者一展司馬遷文筆的智慧及技巧，讓我引述他所寫的一個段落。這是楊（Young，1996，頁 138）的文章提醒了我，他引述《史記》的是"貨殖列傳"一章。

　　"故待農而食之，虞而出之，工而成之，商而通之。此寧有政教發征期會哉？人各任其能，竭其力，以得所欲。故物賤之徵貴，貴之徵賤，各勸其業，樂其事，若水之趨下，日夜無休時，不召而自來，不求而民出之。豈非道之所符，而自然之驗邪？"

　　這段精彩的段落反映了司馬遷明白自由市場經濟的運作。他早於一千八百多年前就已懂得市場經濟，比亞當‧史密斯在1776 年於《國富論》的提出，大為超前。他明白經濟學的供求定律乃建基於人們嘗試自己努力以赴，而經濟協調無需政府計劃，而是由"無形的手"運轉。要是上世紀五十至七十年代主張中國實行計劃經濟的人曾讀過該段文字，那該多好！話說回來，該段文字也說明了古代中國已擁有一個良好運作的市場經濟。

　　漢朝的經濟已發展得不錯。當時的貿易不只是與北方人，而且通過絲綢之路間接地與歐洲通商。漢朝皇帝嘗試建立一個穩定的政府，採納了孔子治國的學說。孔子儒家思想指定了社會成員的本分：孩子應尊敬及遵從父母，朋友之間應建立誠信及相互尊重，臣子應侍奉皇帝，下級應服從上級，皇帝擁有管理全國的權力，但須善待民眾，並跟隨良好政府的一些基本原則。皇帝一旦行為有誤，將失去統治的權力，或是未能得到上天的應許。社會人士要成為上層管理者，須"修身、齊家、治國、平天下"，即先是自我檢點，當一家之主時要做好，之後管好國家，最後治理天下而達到和諧境界。孔子這個教誨主要是針對男士（雖然中國歷史上也有女皇帝），男女的地位並不平等，但各盡其分確保了社會長治久安。在家裏妻子應跟從及附和丈夫，但丈夫須愛護及尊重妻子。孔子的教誨並非所有都切合當今的中國社會，但是，我認為作為規範個人行為及促進社會和諧的基本理念，孔子的思想仍然適用。

　　為了維護孔子思想的影響力，儒家學說須適應現今中國人生活的情況。世界所有保存至今的宗教必須適應變化的環境。儒家學說也是如此，儘管它並非相信上帝的宗教，孔子並不多說鬼神。儒家倫理仍然對現今中國人的生活具有強烈的影響，有些人認為，儒家思想妨礙着經濟進展。我則傾向於相信它的正面影響大於負面影響。透過儒家倫理，中國人學習誠實、勤勞、忠於朋友，以及在工作上要為社會效力。我有兩個重點，將於第三章談論經濟時，以及第六章談論中國政府時再加以討論。第一，雖然中國沒有一個運作良好的現代化（西方）法制系統，經濟仍可有序地進行，這就是建基於儒家倫理及道德的原則。中國人被教導成遵行良好的道德行為比純粹守法更為重要。這使中國的市場經濟在歷史上多個朝代得以運作，尤其是於公元 1100 年宋朝期間中國的市場經濟蓬勃之際。第二，中國關切責任多於自由（至少是相對地更重要，大部分美國人則視自由至上），以及着重社會整體的好處多於個人私利，如此犧牲個人來服務社會是一個良好品德。正如美國甘乃迪（President John Kennedy）曾向美國人說：「不要問國家能為你做什麼，而問你能為國家做什麼。」

三國（220 - 280）
兩晉（265 - 420）
南北朝（420 - 589）

　　漢朝結束後是三國時期。正如名稱所說，三個國家競逐繼承漢室，成立一個新朝代。該時期的歷史詳細記載在《三國志》一書。羅貫中寫的一本小說《三國演義》，是部分建基於《三國志》的。《三國演義》是一本情節非常刺激，不論老少均歡迎的讀物。書中從策略角度談戰事及愛情，當代政治及外交家閱後均可以從中受益，但須堅持其道德胸懷。書中論說攻與守的策略。由於有三方，任何人都可以扮演聯盟一方而攻打第三方，這在書中經常出現，而且是真實歷史。這些涉及三方的競逐策略，相對於雙方比拚，來得更有趣和複雜。也許，對於博弈理論的研究者來說，該書有些內容是值得研究的。我個人卻沒有太多從博弈理論的角度來思考這些故事。

　　三國經歷多次較量，最後由西晉取得天下，連同東晉，從公元 265 至 420 年統治國家。由於北方的遊牧民族入侵，最後國家處於分裂。接着是南北朝時代（304-589）。雖然政治四分五裂，但是，也許是由於戰爭，科技有大的進步，包括砲擊、獨輪手推車的發明，以及後期對中藥的改進。

唐朝（618-907）

貿易、佛教、詩歌

中國於隋朝再度統一，隋朝的歷史短暫，不足 40 年。隋朝的統治非常苛刻，大量勞工被差遣重建長城及興建南北運河。隋朝還引進公務員制度，挑選能懂儒家經典的學人為政府官員。隋之後是唐朝（618-907），唐朝鼎盛，政績眾多，中國人以唐朝繁盛引以為傲。中國人在海外聚居之地，稱為 "唐人街"。唐代的陶器以唐三彩最為有名，所製的三彩陶馬在藝術博物館展出，廣受愛戴。

從印度傳來的佛教於唐代開始盛行。當中國透過絲綢之路與西方密切通商之時，商旅信徒請人於沿路的洞穴畫上七彩繽紛、富有佛教色彩的壁畫，這些都是世界的藝術寶庫之一。對於中國人，唐詩算是耳熟能詳，《唐詩三百首》更是家喻戶曉，是每個中國人家庭必備之書。最為人誦讀的唐詩是淺易的，能傳達有趣、動人的訊息，易於記憶及節奏美妙。不少唐詩均能讓中國人讀起來朗朗上口，即使是文盲也能背出數首唐詩。

其中一首長詩談論唐明皇與楊貴妃的愛情故事。他因經常陪伴妃子而忽視朝政，其時叛亂發生需要鎮壓，但軍隊卻不願出征，除非皇帝能與妃子分離。皇帝被迫停止與貴妃相好，當叛亂平息後只有長恨綿綿。該首長詩名為《長恨歌》。有歷史學家指出，皇帝的失誤在於浸淫於愛情而忽略政事，並視其情慾不當。另一方面，該首詩能喚起讀者情感中柔美的部分及同情，令人對尊貴的皇帝那份恆久的愛予以肯定，而並不涉及任何不軌的行為。人們可以不停背誦類似這首漂亮的唐詩，每次誦讀均能增加對詩的理解，情感更為深刻。

宋朝 (960 - 1279)

繁華的資本經濟

唐朝以詩盛名，宋朝以詞聞名。宋詞的形式與唐詩有異。宋詞每句並不均等，但仍須套入某種形式。它們更傾向於羅曼蒂克，常與愛情悲劇有關。宋朝飽受北方外族侵擾，導致被迫遷都偏安江南，以杭州為首都。宋朝亦出現不少詩詞名家、學者、書法家、畫家及政治家。中國的市場經濟發展早於宋朝已相當蓬勃。

當我在普林斯頓教授中國經濟這個科目，有時會向學生展示宋代名畫《清明上河圖》以說明宋代的經濟已非常發達。該畫有不同版本，全部都是顯示河流沿岸的經濟生活景象。在圖中我們可找到餐廳、商店、馬車、船運，人們有的勞動，有的享受餘暇，或進行貿易。人們可以稱宋朝經濟是一個資本主義經濟。它有異於現代資本主義經濟，因為它缺乏現代科技。一個有趣的問題是為何在宋代沒有發展科學及技術呢？中國在該時期擁有不少科學知識，尤其是數學及天文學，李若瑟

（Joseph Needham）於 1956 年的著作曾記載當時的科學狀態。

從中國的社會及經濟結構，可大概解釋中國科學發展緩慢的原因。古代中國當官必須經過考試，能熟悉中國經典才能當上官員，因此學者都有可能當官。官員的地位很高，贏得古代社會最高的認可，商人及貿易者在儒家社會中並沒有獲得很高的尊崇；另一方面，政府官員一旦在位，錢財及財富也隨之而來。這種社會結構並沒有對科學研究帶來誘因。小孩子也沒有很好地接受科研教育，因為掌握儒家經典的知識以及優美書法更為重要。再者，中國具有龐大優質又低廉的勞動力，減弱了科技創新在經濟發展中的迫切性。一項創新成果必須有助於生產，比使用勞動力大為便宜，否則不符合經濟效益。當引進有關科技創新，其前期成本相當昂貴，必須經過逐步改良，再加上確切實行大規模生產，這樣才會放棄中國的廉價勞力而具效益地運用創新的科技。上述兩個考慮可以部分解釋中國在宋朝及之後一直未有發展科學及技術的原因。這對於讀者甚至對我來說，當然不是一個令人滿意的全面解釋，還有文化等因素，只能留下讓有興趣的人士繼續探討。

元朝（1206 - 1368）

蒙古統治，但漢族文化仍存

元朝以前，中國都是由漢人統治。漢族是中國最大的民族。至少從漢朝開始，北面蒙古人已多次嘗試入侵中國。他們最後成功並於 1271 年建立元朝（成吉思汗於 1206 年建國），由忽必烈（成吉思汗的孫兒）開創。元朝的軍事非常強大。成吉思汗建立了蒙古帝國，一直伸延至歐洲。在佔領及管治中國期間，蒙古的統治者吸收了漢人的文化。中國老師教導小孩子歷史時，都會說中國漢族文化很有彈性，在外族入侵及統治中國時，卻依然令小孩子學習漢族文化及規則，以此作為生活之道。外族入侵這個情況於後來清朝統治時再次發生。中國文化的柔性，使中國於十九世紀西方思想及軍力大行其道時，仍不致消亡。

可以進一步再作討論的是，在十九及二十世紀西方影響力超強的時期，中國文化最後也要面臨考驗，而且不易過關，因為當時中國政府正處於極度無能及虛弱之際。西方及日本皇軍侵略中國，他們的軍力遠比過去的入侵者，如元朝的蒙古族及清朝的滿族，更大為厲害。此外，西方及日本的社會及政治結構形式及管理技巧非常先進，足可取代中國原有的面貌。他們的入侵，對當時正處於衰弱的滿清政府及那些無能的皇族帶來極大震盪。再者，嘗試原本照搬共產主義來將中國現代化，是一個不適用的途徑。儘管有這三個非常負面的因素，但中國還能夠從中生存，而且能重建強國地位。這可以說歸因於中華文化及文明的柔性，我將會在下文詳加解釋。

明朝〔1368 - 1644〕

海外探索

　　漢人於明朝時重掌統治地位。明朝的一個偉大事件是鄭
和於 1405 至 1433 年下西洋，根據 Gavin（2003）說，1421
年 3 月 8 日鄭和率領當時世界上前所未有的船隊離開中國，船
隊比哥倫布早 70 年到達美國，而且比麥哲倫早一個世紀環球
航行。鄭和的船隊也到過台灣。據載，早在三國時代吳王孫權
已派官兵去台灣，時稱 "夷洲"。之後很多中國人遷到那裏。
台灣的漢人在清初曾支持大陸一個叛變，企圖推翻清朝的統
治。中國政府也將此段歷史作為證明台灣自古便是中國領土的
證據之一。

清朝〔1644 - 1911〕

西方及日本帝國主義入侵的影響

　　明朝後期，政府積弱，帝位的承繼危在旦夕。不光是本
朝漢人起義，更有北面的蒙古族及東北面的滿族威脅。經歷
長期的鬥爭，明朝滅亡，由滿族人繼任統治中國，建立清朝。
清朝皇帝接受漢語為官方語言，並利用漢人統治這個國家，儘
管對漢人仍抱有疑心。早期的清朝皇帝非常聰慧而且能幹。康
熙皇帝是一個非常能幹的領袖及行政人才。他利用漢人服務政

府，建立了一個強大的政權，並擴大中國的勢力範圍至鄰國。他下令編製了《康熙字典》，中國人至今仍在使用。

先略過清朝的光輝歲月，我們很快地來到十九世紀清王無能及政府積弱的時期。這剛巧就是大英帝國光榮的巔峰。大英帝國輻射面龐大，遠及非洲、歐洲、美洲、亞洲及澳洲。其版圖也包括印度，並透過東印度公司行使其經濟權力。英國透過該公司以圖與中國貿易，期望獲得中國的物產，例如瓷器、絲綢，尤其是茶葉。英國人當時消耗大量茶葉。為了繳付中國產品的貿易金額，他們需要出口到中國。中國人並不關切從英國入口的產品，除了鴉片。清政府希望停止鴉片入口。兩國的衝突終於導致 1840 年的鴉片戰爭。中國戰敗，1842 年簽署了《南京條約》。中國不但放棄了禁止鴉片入口的權利，而且被迫割讓香港島予英國，而且開放河道讓英國船隻航行。滿清政府戰敗後變得更為虛弱，中國人飽受羞辱，對英國及滿清政府憎恨有加。

鴉片戰爭後，中國與其他西方列強在多次戰爭中交手屢屢失敗，列強透過不平等條約在中國取得許多特權。1858 年英法兩國要求在廣東開放經商口岸而引起爭端，導致兩國北伐，到北京聲討，英法軍隊還縱火燒了著名的圓明園。1860 年滿清政府最後被迫簽署《北京條約》，喪失了更多的權利。之後對法國再次戰敗，於 1885 年簽署《天津條約》，承認越南為法國的保護國。1886 年中國將緬甸交予英國。1897 年，德國佔據青島，而且取得膠州灣 99 年期租約。滿清還與其他國家簽署類似的租約協議，包括租借大連予俄國，威海衛予英國，廣州予法國。中國的損失包括繳付戰爭賠償，開放城市海港，放棄內河航行權，開放興建鐵路，租借領土予列強，以及剛才談過的失去原是中國勢力範圍的領土。英國、法國及其他外國政府在上海圈地。清末發生兩件最慘痛的事件，分別是1894至1895年的中日戰爭，以及1900年義和團之亂導致西方入侵。中日戰爭失敗後，中國被迫放棄了朝鮮，此乃一直向中國進貢的國家，也割讓了台灣，這原是中國領土的一部分。由於義和團成員傷及大批外國人，引起了八國聯軍攻打北京，八國計為英、俄、德、法、美、意、奧、日，這些名字是中國小孩子在歷史課必須強記的。滿清一再挫敗，被迫賠款。美國政府後來利用部分賠款以支持中國學生留學美國。二十世紀早期，中國很多領土均變成了西方列強的半殖民地。

現代化成為了中國政府的夢想。同時，中國人的民族主義膨脹。1898年有些政府官員向滿清提倡革新，但僅維持了103日，即告失敗，史稱“百日維新”。年輕但勢弱的光緒皇帝同意革新，可是垂簾聽政的慈禧太后則強烈反對。其他清政府的官員沒有支持維新運動，寧可逐步改革，如建立一個君主立憲政體。在政府體制以外的第三批人士，目睹滿清無力抵抗列強，也無法將中國現代化，主張推翻滿清政權。統治者滿族人屬於少數民族，以漢人為主的中國社會對滿族人的統治當然不太支持。

中華民國（1912-　）

政治分裂、戰亂及經濟通脹

　　1911 年由孫中山領導的革命成功地推翻了滿清帝制，1912 年成立中華民國。革命成功是由於滿清政府無法再得到人民的支持，即使其軍隊亦向革命軍屈服了。革命者並沒有完善的組織，他們嘗試多次推翻滿清政府，但不成功，最後於 1911 年在武漢取得革命勝利，很多人都感到驚訝。孫中山作為革命黨的首領，從海外回國成為臨時大總統，他並沒有軍隊控制權，因此無力統治。數月後袁世凱成為第一屆中國總統。袁曾是滿清政府的直隸總督兼北洋大臣，他統治四年後希望將政府恢復帝制，又打算復辟為皇帝，他的想法並沒有得到其他政府及軍隊領袖的支持，最後圖謀失敗，不久便死去。

　　中華民國成立初期，國家政治非常不穩。袁世凱死後，總統的席位於數年間多次變動。政府領導人以及議會成員的組成經常變更。其中，議會成員的更替，多是由於總統失去支持，總統則以總理作為代罪羔羊。所謂支持，我並不是說人民的支持，而是軍隊領袖的支持。中國以共和作為政治體制其實只是一個名義，而非實質。當時議會的組成是由省政府選舉的。總統按理是由議會成員選出，如果總統不能取得議會足夠的票數，他可以認為議會不合法而解散議會；只要取得重要省份省長及軍隊領袖足夠的支持，總統就可以組織新議會，並將之合法化。我們從該段歷史中可吸取一個重要的教訓：一個民主政府不可能單靠形式上的制度就可以發揮功能。民主制度可以是名義及形式上成立，但不能良好地運作。這個說法可以適用於政治、法制、經濟及其他社會制度，本書將稍後再作討論。

1916 年袁世凱死後，中國政治上出現嚴重分歧，無論南北之間，以至各地區內不同省份之間。當時總統在北京擔任領導，但正如上述所說，總統更替頻繁，連中國北方也無法政治統一。實質上全國由省長及軍閥控制着所屬領土，他們根據自己的喜好來選擇效忠北京的總統。因此，北京的總統只有取得他們的支持，才能好好地統治中國的北方。至於中國的南方，省長甚至更為獨立。有時，他們實質上宣佈獨立於國民政府。較多時候，他們願意作為南方或北方政府的一部分。如果南方存在一個完整的政府，它亦會到處遷徙。南方政府較傾向設於廣州。孫中山在北京接任總統之後，亦於廣州作為廣東軍政府的大元帥。他的領導經常受到強大的軍閥首領所挑戰，包括他自己的國民黨成員。南北政府多次嘗試商議解決問題，但從沒有成功團結起來；中國當時政治正處於四分五裂的時期。

孫中山為了領導中國而殫精竭慮，於二十年代早期決定與共產黨合作。中國共產黨於 1921 年在上海成立，由一批志同道合者組成聯盟，致力為中國的現代化問題尋找最佳出路；這與國民黨的成立目標一致。蘇維埃社會主義共和聯邦於 1921 年誕生，她的成立為不少感到被壓迫及剝削的人們帶來了新的希望。由於三十年代早期經歷或觀察到大蕭條，很多美國人也接受共產主義作為解決美國經濟問題的良方。孫中山在西方國家只贏得微弱的支持，他與中國共產黨合作，國民黨可以增強實力，並得到蘇聯的支持。由於取得中共及蘇聯的支持，孫中山在珠江南部的廣州成立黃埔軍校，蔣介石任校長，周恩來任政治部部長。孫中山於 1924 年病逝，蔣介石率領大軍北伐以統一中國。

在談論北伐之前，我有必要先指出知識分子在中國政治運動的角色。傳統上，中國學人及知識分子對如何當士大夫頗感興趣，為此全力以赴。他們嘗試在科舉中爭奪，贏取功名，以便被挑選成為士大夫。根據孔子思想，他們以國家的前途為己任，致力於國家繁榮昌盛。由於民族主義驅使，以及鴉片戰爭後對國家現代化具有強烈慾望，知識分子更多轉向政治參與。他們成立國民黨及共產黨。當第一次世界大戰結束，中國被巴黎和平會議的決定所羞辱後，北京的學生組織示威抗議。中國作為戰勝國，但決議卻對其非常不利。德國是戰敗國，原佔據中國青島市，但會議決定將之轉移日本，而不是交還中國。1919 年 5 月 4 日，中國學生上街遊行，不只抗議中國政府軟弱無能，而且要求改變中國文化，致力發展現代化。科學及技術由此佔上風，民主也被大力提倡，儒家思想則受到攻擊，社會上紛紛呼籲重新審視傳統。有的提倡寫作風格的變更，放棄兩千多年來的文言寫作，而採用接近口語的白話文，以顯示現代化風格。有些知識分子變得更活躍，參與國民黨及共產黨的政治活動，其他則在大學任教或是勤於寫作發揮其影響力。二十年代，儘管社會上政治分歧及不穩，知識分子仍能夠開啟出嶄新的文學風格及詩歌形式，並在自然科學、社會科學及人文學科上進行具原創性的研究，開闢了一個開放及自由的學術環境。

1926 年，蔣介石在聯合共產黨的情況之下領導北伐。當軍隊到達武漢及上海後不久，他便與共產黨人分裂，而且在上海大肆殺戮。1928 年在黃埔訓練的國民黨軍隊抵達北京，基於已打敗多個省的軍隊，他以國民黨的立場號召軍閥。蔣介石宣稱已統一中國，但統一的程度有限，尚未真正完成。名義上多個省的省長（包括在東北的）宣誓效忠蔣介石的國民政府，但他們仍然控制着這些省份，並從蔣介石那裏取得更多特權。在當時來說，蔣介石對統一中國作出了很大的貢獻，但統一的程度比不上毛澤東，後者於 1949 年宣佈中華人民共和國成立。

1928 至 1949 年，中國主要有三大戰爭。首先，與日本交戰。日本於 1930 年已開始入侵東北的省份，並建立傀儡政權，稱為滿洲國，還扶持清朝末代皇帝溥儀為王。1937 年中日戰爭全面爆發，而且日本很快佔據了中國很多沿海地區。第二次世界大戰期間，即 1941 年 12 月 8 日，日本偷襲美國珍珠港。中國聯同盟軍於 1945 年 8 月 14 日宣佈戰勝日本。我將中國參與第二次世界大戰作為該時期的第二次戰爭。第三，國民黨與共產黨之間的內戰。

1926 年國民黨與共產黨決裂，蔣介石力求殲滅共產黨。1933 年，國民黨軍隊開始追捕，而共產黨開始長達幾萬里的逃亡，這就是著名的 "長征"。共產黨，也許最後只剩下十分之一

餘軍，在內陸城市延安安頓下來。蔣介石深知共產黨會危害到
他的領導及政權。他比喻，日本只是表皮上的病痛，而中共才
是心臟上的絕症。三十年代就算日本多次向中國挑釁，蔣介石
仍然是希望先打擊共產黨，再對抗日本。1936年他被其手下將
軍拘禁於西安，強迫他聯合共產黨對抗日本，才將他釋放。這
次"西安事變"被視為國民黨與共產黨之爭的一個重要轉捩點。

　　第二次世界大戰結束後，兩黨持續相爭。共產黨的組織
更為嚴密，並贏得了中國人廣泛的支持。他們在延安已發揮了
有效的管治。與此同時，蔣氏政府官員則貪污無度。人們的財
產被日軍佔領，國民政府在歸還時卻先行壓榨人們，導致民怨
沸騰。有些官員則私吞國家財產，例如將國有工廠所屬的金錢
及物品轉移到其賬下，或是變賣後據為己有。其時國民政府大
量印製鈔票以支付龐大的開支和對付共產黨，物價通脹無法控
制，數百萬元只相等於一美元的價值。1949年初政府施行一
個新的貨幣政策，新貨幣與舊貨幣的兌換比率是一比一百萬，
又強迫人們拿出黃金及外幣，以變換新的貨幣。那些拒絕交出
黃金及外幣的人們，在上海街道上被公開處決。新的貨幣很快
又貶值。政府又把人們的財產充公。國民政府已盡失民心，其
軍隊又缺乏鬥志來對付共產黨，這從某方面促成了共產黨的成
功。毛澤東於1949年10月1日宣佈中華人民共和國成立，
他在天安門城樓面對廣大的群眾歡呼慶祝。蔣介石則將其政府
遷往台灣，包括軍人、政府官員及其家眷等約150萬人一起
遷往台灣。

中華人民共和國（1949-　）

由計劃經濟到市場經濟

　　新政府有能力接手管治這個大國。除了維持社會秩序，新政府須面對無數艱巨的任務。首先是平穩物價。1950年春季，我是康乃爾大學的學生，寫了一篇關於中國通脹的文章作為學期功課。我發現新政府有能力控制嚴重的通脹，幾個月內就成功駕馭，我對其成績表示讚賞。這時我並未充分明白在經濟學上涉及貨幣的數量理論（quantity theory of money in economics），後來才得悉通脹可以透過貨幣供應而得以控制。政府引進一個新的貨幣——人民幣——意思是人民的貨幣。人民在合理兌換率下，交出舊的貨幣就可得到新的貨幣，保持了所持貨幣的購買力。當時通脹很快得到控制，原因是政府並沒有印製過量的人民幣。

　　新政府還進行土地改革。很多農民因土地改革後獲分配農田而感到莫大歡欣。一些地主則在群眾大會上被指控刻薄對待農民，慘遭冷遇和虐待。當中多數被指控犯罪，有的甚至被殺害。政府最初承諾資產階級可以擁有及控制其工廠和企業，後來卻將企業收歸國有，資本家在計劃經濟當局的指令下只能當管理者。農民擁有土地一段時間後，很快被組織成合作耕種，政府聲稱這種組織可增加生產。後來這些合作組織改革成更先進的集體模式，最後於1958年成為了公社的一部分。在公社制度之下，耕種是集體進行的，一隊農民成群地工作，每人根據其工作天而獲得工分。當農民向政府採購單位交出所要求的農產量後，其餘的收成就會按成員的工分而分配。在這樣的制度之下，隊員的辛勞工作會導致整隊的生產量增加，但生產的增加卻被平分到各隊員之間；農民個人不能從辛勞付出中取得利益，故生產的誘因微弱。與此同時，1957年中國開始第一個五年計劃，採用了中央計劃經濟，其模式仿效蘇聯的計劃體制。國營企業都被劃定生產指標，並獲安排發給原料製成產品。中國經濟由此變成了計劃經濟。

　　計劃經濟並沒有運作得很好。農民在公社制度下合作農耕，失去經濟誘因以勤勞工作，而國營企業也沒有利潤的誘因以作效率經營。商業銀行體制消失，人民銀行及其支行接受人民的存款，但沒有依貸款者的信貸能力來作出借貸，這些銀行必須借給中央計劃當局所批准貸款的國有企業。中國經濟運行欠缺效率，直至1970年改革派才有所意識。

兩次災難性的政治運動

　　除了中央計劃經濟體制的缺點，中國人民還不幸地經歷了兩次由毛澤東所發動及指揮的政治運動。首先，1958年毛澤東提出了大躍進運動。他將農村合作經濟改為公社制，由4月至9月短短幾個月內完成，目的是希望中國以飛躍的速度超趕英美先進國家，所定下的生產目標高得不合理。為了增加鋼鐵的生產量以及滿足上級下達的配額，人們在自家後園自行用熔爐試圖將已使用的鋼鐵物品還原成鋼原材料。在公社制度之下，合作農耕削弱了生產效益。經濟活力受到了摧殘，農業生產大大下降；與此同時實行的讓農民在飯堂吃大鍋飯比自己在家吃飯更為浪費。大饑荒發生於六十年代初，超過 2,000 萬人失去了生命。中國政府卻將饑荒歸咎於惡劣天氣造成的歉收。

　　讀者若有興趣知道大躍進引致多少中國人死亡，計算一下以下的統計數字可有助瞭解。根據中國統計局官方出版的《中國統計年鑑》，1958 至 1961 年的出生率分別是每千人有 29.22，24.78，20.86 及 18.02，死亡率是 11.98，14.59，25.43 及 14.24。1957 年應反映更為正常的數字，當時的出生率是 34.03，死亡率是 10.80。因此，1958 至 1961 年出生率下降，比 1957 年每千人減少了 4.81，9.25，13.17 及 16.01；至於同期死亡率則提高，比 1957 年每千人增加了 1.18，3.79，14.63 及 3.44。將額外死亡率乘以當時的人口 6.6 億，6.72 億，6.62 億，6.58 億，得出四年額外死亡數字是 1,527.4 萬人，反映了大躍進運動的失敗。再者，如果我們將出生率的下降歸因於期間婦女欠缺營養而流產或不孕，我們可以估計中國人口比正常時期總共流失 2,700 萬人，可見大躍進造成的經濟損失非常巨大。

　　第二個政治運動是文化大革命。大躍進運動失敗後毛澤東的威信大為受損，共產黨溫和派於六十年代初取得權力。毛澤東為了重樹權威，直接發動中國具有滿腔熱忱的年輕人。他倡導年輕人成為紅衛兵，透過文化大革命消除古舊文化的殘餘。毛澤東所指的舊文化是指儒家思想及資本主義，"文革"

時期在圖書館和家中的舊書及藝術珍藏均被摧毀。人們一旦以
舊文化傳統及資本主義方式生活，都會被捉拿遊街示眾。小孩
子參與這類活動而反對父母，學生攻擊教授或老師。任何在資
本主義國家有親友的人都會被懷疑，很多知識分子死於這場浩
劫。中國於 1966 至 1976 年間處於混亂狀態。任何人都有可
能被指為 "右派" 而遭受莫大痛苦。一批稱為毛澤東真正跟隨
者的紅衛兵，隨時與其他派系大打出手。為了表示忠誠，那些
年輕的紅衛兵均手持紅色的 "毛語錄"，並予以背誦。當時計
劃經濟也遭遇障礙，大學關門，市區的知識分子及居民均被遣
到鄉郊生活，並向農民學習。這也許是中國歷史上最黑暗的時
期。七十年代初海外傳媒及西方人士獲邀到中國訪問，所展示
的是中國官方自編自導之下的最佳狀態。不少均被欺騙而且報
導說中國是一個烏托邦。

　　文化大革命期間，毛澤東已決定與美國展開對話，1972
年他歡迎美國總統尼克遜前來訪問。毛澤東於 1976 年 9 月逝
世，他的四個跟隨者 "四人幫" 不久被捕，並被判處有罪而入
獄。接着，一批較為務實的黨政領導班子扭轉了中國的方向。

1978 年，中國展開經濟改革

　　文化大革命使中國共產黨大失民心。同時很多溫和派的
黨領袖在 "文革" 時受創，包括鄧小平。當鄧小平在 1978 年
成為共產黨領導者之後，他召開黨的十一屆三中全會，所確立
的一套經濟體制與之前的計劃經濟作 180 度轉變。其中一項

重要改革，是將新領導班子與先前 "文革" 的領導人劃清界線。改革得以推進是由於開明派黨員及政府官員知曉中央計劃經濟的缺點。與此同時，他們有見於鄰國及其他地區經濟的成功。來自香港、新加坡、台灣及南韓的四小龍，其經濟發展迅速促使中共溫和派進行經濟改革的決心，尤其前三個地區的經濟成績，是華人的成就。至於南韓的經濟表現，比實施社會主義的北韓更好。歐洲方面，東德也沒有西德為佳。市場經濟改革得到中國人民的支持，他們在計劃經濟下物資匱乏，對此感到非常厭倦。

合作農耕很快也被取代，改為鼓勵私人耕種。這與過去不同，隊長以前是指導隊中農民在一片農田上共同耕種；在新的大生產模式之下，每個農村家庭被分配一塊農田，農民根據隊長（上級領導）指定的額度上繳，餘下的就是農民多勞多得的成果。隊長收集到農作物後交予政府採購單位，其數量須滿足政府定下總生產量的額度。由於新的生產模式提高了農民的積極性，農產量於 1979 年及八十年代早期大大增加。農業改革初見成效，奠下了其他改革的基礎。

至於城市經濟改革方面，在中央計劃的指令下有關生產及分配方面的改革以漸進方式展開。國營企業首先在生產方面給予自主決定權。交稅方面，國企上繳稅項後可以將利潤自留使用，而過去國企所有收入都是交予政府的。八十年代中期開始，中國出現了供應及需求的市場動力，政府逐步容許企業自設產品價格。當時政府及市場價格雙軌並存。在雙軌制下，政府對於國營企業特定投入的原料及由他們生產的物品維持調控價格，至於額外的投入及產出的數量，則容許以市場價格決定，一般來說，都是較政府調控的為高。換句話說，國企可獲分配相當數量以官方價格計算的原料作投入，如果需要額外的投入，則須在市場上以較高價格購入；對於所產的物品，國企必須售賣一個特定數量，以較低的官方價格計算，餘下的則以較高的市場價售出。基礎經濟學告訴我們，以較低的成本取得一些原料作投入，是相當於固定補貼；以較低價格售出一些產品而得到較低的收入，是相當於固定稅收。國企在這個經濟核算之下並沒有提高效益運作，主因是在額外的投入及生產中才使用市場價格。在產品價格尚未全面由市場帶動之下，價格雙軌制仍算是較好地分配資源。

除了給予國營企業自主經營之外，政府容許並鼓勵私營及集體企業的成立。過去譴責資本主義邪惡的口號，已改變成"光榮致富"。地方政府成立的鄉鎮企業具有經濟資源及政治立場，像西方資本主義經濟下的私人企業一樣，具有類似的積極性。事實上，他們是最具經濟動力的一環，九十年代超越國有企業的生產總量。最重要的是，門戶開放政策是一個巨大的轉變，中國已開放與西方貿易及投資。西方投資能給予中國資金、管理技術、現代化科技，以及促進國內企業在面對競爭下改善表現。大部分的境外投資來自香港、台灣及海外華人。中國於 1978 年開始的經濟改革已達三十多年，其發展快速，根據官方數字，平均每年生產總量增長是 9.6%（編者按：近年保持在 7% 左右），其顯著的成就是西方有目共睹的。

是什麼促使中國經濟改革的成功？政府在改革上採用漸進方式引導前進，值得嘉獎。政府經濟官員行事按部就班，是由於他們沒有一個特別的體制可以跟隨。他們需要透過試驗一步一步地學習和汲取經驗，正如鄧小平所說的"實事求是"，即是說，從經濟改革中總結經驗而判斷出一個合適的體制。在漸進的過程中試行是必需的，以便有力地說服黨中人士及政府官員。他們對正統共產主義的意識形態觀念根深蒂固，不容易改變思想和接受新政策。如果改革過於激進，則會面臨其他黨派的阻力。政府維持現有政治及行政結構以確保穩定，使經濟改革能順利推行。只要市場體制建立，經濟誘因將在該體制之下萌芽。無論市場體制有多麼的不完善，它給予中國人機會，以其勤勞及智慧賺取財富。

在市場經濟體制之下，泉湧而來的資金為中國人提供了無數的機會，中國優質的人力資源亦得以發揮，這是中國第二個最重要的成功因素。正如世界其他優秀的民族，中國人在社會及文化歷史中也有其才智。中國人在東南亞國家的排斥政策下，亦仍表現優秀。他們在香港、新加坡及台灣均展示其經商的能力。中國工人生性勤勞而技巧熟練，中國的企業家聰穎而富有奮鬥心。這些特點都是從中國歷史及文化中承傳而來的，也是本章的重點所在。

人們好奇地問，為什麼中國在過去三十多年中的經濟改革做得那麼好？從經濟發展的角度看，中國達到這個成就並非奇跡。由於政治穩定，社會秩序良好，再加上多個主要因素，包括中國改行市場經濟體制，優質的人力資源以及作為現代科技的後來者。這三點我將於第三章詳加解釋。相對於那些缺乏上述因素的國家，中國很自然地應做得較好。從宏觀歷史角度看，中國長期以來是非常優越的，過去只是"生病"而已，現在已重返正軌。她得以康復，乃由於她從豐厚的歷史底蘊中汲取養分而迅速回升，也由於她的病情是短暫性的，在五千年歷史洪流中她僅是在最近一百多年失序罷了。

貳

CHINESE
CULTURE AND
DAILY LIFE

中國文化與日常生活

　　中國人的文化承傳不光是指遊客能夠觀光的建築、博物館及歷史勝地，也包括那些上佳的廚藝、書法、繪畫、功夫、文學及哲學思想的欣賞。中國文化亦包括從父母身上、社團成員承繼的技巧、良好的工作習慣及生意頭腦；還包括那些間接地從祖先學到的東西。人們可以利用這些技能來產生經濟效益或是謀生，我們會在這一章多加講述。

　　中國人得以安居樂業，是因為他們早已從古老而長久的文明中汲取經驗。數千年前的美索不達米亞、埃及及希臘均孕育了古老的文明，但中國的文明積存已久，而且不斷地演變，使現今一代的中國人以至全球人們均享有福祉。中國人從那些傳統的文化活動裏所享受到的快樂，並沒有以經濟計算在國民收入之中。經濟學家視部分活動為在家中的生產性活動或是消費性娛樂活動，但並沒有在國民收入賬目之中計算為生產活動的一部分。如果一個中國人在家中可以烹調出美味的食物，家中每一成員可以享受到那份美好的生活，並不是國民收入統計可以計算出來的。本章將會談到部分中國文化的種種玩意兒，雖不能窮盡，但這些討論可作為第三章關於經濟生產的一些補充，有助於瞭解中國人的生活質量。

食物與烹調

　　中國食物被視作是全球最美味的。食物有多美味，部分原因要視乎一個人的口味。口味是由過去習慣所影響及培養而成的。中國人對食物很重視，他們花費許多時間去準備和享用，相當講究。一些人則致力於瞭解和欣賞，並模仿烹調。

　　中國人早已從祖先經驗中學習到烹調技巧的知識；他們每天在家烹煮飯菜，聚首一堂，共同享受烹煮的成果。中國的烹調可以是簡單又或是複雜的。有些飯菜需長時間去準備，有些只需一至兩分鐘。一碟青菜放在鑊中炒一炒，可於一分鐘之內準備就緒。炒菜需要夠"鑊氣"，溫度高，時間剛好不多不少，再加上廚師的手藝好，食物就會美味。溫度、時間及食材，可以從烹飪書中查看，但飯菜是否好吃，最後要視乎廚師的手藝。任何人可以跟從書本學習烹飪，但不容易弄出一手好菜；一個大廚卻是製作出一碟好菜的決定因素。在一間享譽盛名的餐廳用餐，菜譜上的價格，大概可以反映它的質量，這取決於廚師的功夫。大部分的中國人，在家煮飯都能做一手好菜。多年前，在美國的中餐廳廚師很少是做中國菜色的專業廚師。1949年以前，中國的專業廚師在國內所賺的收入可以過着一個不錯的生活，因而無需遷往美國。1949年中國由共產黨執政之後，移民美國的多半是不能在中國過着舒適生活的人。然而，有些來了美國的中國人竟成為了廚師，只因着他們具備中國人基本的烹調技巧，即使只有在家中的廚房功夫，也足以開設一間中國餐館，營利過活。

　　廚房的功夫也可以是藝術。優秀的廚師利用他們敏銳的直覺和才智，能做出一手好菜色。在傳統上，中國人並沒有使用烹飪書，他們從老師、記憶及實踐中觀摩學習，從而得到啟示。中國廚藝是自然及憑直覺地產生的，人們不用烹飪書，很少量度材料。他們知道炒一碟菜或肉，需放多少油鹽。這很像一個油畫畫家，根本無需對某種顏色量度多少顏料便揮筆而就。這樣烹調出的菜色，每次效果不一樣，但如果他們廚藝良好，卻每次都能保持很好的水準。中國人的生活質量不錯，原因是他們知道如何在家中煮得好菜。國民生產總值並不能充分地衡量中國人的生活水平。GNP只計算蔬菜及肉類的價值，並非計算到在家用餐的價值，這比材料的價值超出很多倍。

　　在中國各地區的食物及煮法不一。小麥是北方的基本食糧，南方則主要吃米飯。北方的中國人能做餃子。上海人愛吃紅燒肉，口味濃郁，每愛以醬油及糖醋調味。南方廣東省的人們口味清淡，愛蒸魚，蒸的時間要剛剛好，分秒不差，溫度要合適，不能過熟，重要的是保持肉質嫩滑。四川省的人們則愛吃麻辣的烹調，很多其他地區的中國人卻受不了。很多人都認為廣東的粵菜最具色香味。所謂"吃在廣州"，也許，廣東省的烹調最講究，高深莫測。廣東省的廚師可以有力地手握鐵鑊，迅速地翻鍋，上上、下下，將食物拋到半空中，又能配合菜色烹調的需要；他們亦能將鐵鑊傾斜到某一角度作調校溫度用，將材料一併放在熱騰騰的鐵鑊裏，炒來炒去，功夫十足似的。再說，中國人習慣多吃蔬果，相對美國而言較少吃肉，中國人的飲食可說較為健康；中國烹調的方式有蒸、煮、燉、炆、燒、炒、炸等，方法各式各樣，有時一個菜色同時使用多

種烹調方法，變化多端，創造無限美食。中國人飲食習慣較為
節制、健康，少有節食的問題。

書法與繪畫

　　書法及繪畫是中國兩個非常近似的藝術。中國人發明了
象形文字，即以符號來表達事物。古人將烤過的龜殼背上呈現
的裂紋作占卜，以象形文字將卜辭記錄在龜背上。象形文字像
圖形似的，既是文字書寫又是圖畫，均是同樣的技巧。當一方
面的技巧純熟，另一方面的技巧亦隨之良好。當毛筆及墨發明
之後，中國人用之書寫；現代很多中國人已將毛筆字作為興趣
練習。中國教育的基礎是學習閱讀及寫作，與其他國家別無二
致；但存在一個差別是，中國人投放很多精力於書寫，力求字
體端正秀麗。如果寫得一手好字，他將會得到別人的尊敬；而
字體不佳將可能導致他們失去工作。我一個好朋友有次要求我
在紙上寫上他想點吃的兩碟飯菜，當侍應看見字條，便問是否
我的朋友所寫的。該名侍應不敢相信，在美國有中國人能夠寫
出這麼漂亮的字體，所寫正如手出於內地的知識分子。任何一
個在中國餐館服務的人均可對字體的水平評論一番，因為書法
是中國文化的一個重要部分。於三十年代，中國的兒童在成長
的時候必須學習以毛筆寫漢字，在學校及家中幾乎天天都要練
習；這種做法在現今中國已不大普遍，現在學校只要求學生字
跡清晰就可以。

用毛筆書寫是一個令人滿足及充實的過程。人們透過練習書法，可以看見自己不斷進步而深感滿足。人們練習書法可以日漸出色，但沒有極限，這種情況正如繪畫或愛玩某種樂器一樣。練習書法可以陶冶性情，令人平靜和放鬆，達致心境平和，仿如冥想一般。冥想是使人們集中精神去想像一些美好或平靜的東西。學寫書法，人們先是臨帖，就是以著名書法家秀麗的文字為本，摹仿書寫，這與冥想一樣達致美好平和的境界。漂亮，可以從原帖文字的精髓流露出來，或來自書法這門藝術本身。如果人們對練習書法感到滿足，他可以很容易地重複着寫。人們對於練習書法的結果，即使是書寫差勁或是進度太慢，也不會受挫。一般來說，對於失敗覺得有挫折感是因為有所損失；但當一個人練習書法而寫得不夠好，除了費一些墨水和紙張之外，並沒有什麼損失。

中國書法中，一個寫得優雅的字體，是由不同的筆畫所組成的。一篇漂亮的文字作品，是由一組美麗的字體組成。傳統上一篇文章的文字是垂直地由上至下，版面上從右到左。一個優美的組合是，字行垂直沒有歪曲，在直行上一個字體緊跟着一個字體，每個字體大小相若，每個字在文中均同樣重要，大小要相稱而且均衡；此外，行距之間要平衡，距離相若。這些規則其實不應太嚴格地跟隨，過於依從則會令一篇書法作品太死板，欠缺生氣。對於上述規則可稍作變化，一篇書法作品將更顯生動和張力。

作為一個初學者，一個孩子首先開始臨帖，透過學習他人書法作品的組合和字義，從而也能改進閱讀技巧。有時小孩子也會透過從字帖學習辨識漢字。之後，孩子又可以臨碑的方式學習書法大師的筆法。臨碑這種方式，是在雕有名家字體的碑上塗上墨汁，然後放上紙張取得墨寶（拓本）。學生從模仿中也學到規則。在中國規則先行，個人的風格不容易展現。

　　書法的技巧能滲透到繪畫中去。書法與繪畫是兩種形式互相影響的藝術。中國的文字寫作起源於對物件形象的繪寫。中國文字的作用是記錄事件以及與他人溝通，當寫作成為中國文化的一個重要部分時，書法這門藝術也不斷發展和改進。同是一支毛筆，可用作書寫和繪畫。同樣的技巧、手的動作，也適用於繪畫之中，並且相互促進。在書寫漢字時，一個漂亮的筆畫乃類同於馬尾上的或是竹葉上的一筆。在一課堂上，中國人可以同時練習書法及繪畫。在同一紙張上，中國人可以同時繪畫及題字，組成作品的一個整體。這兩個元素互相補充，也互相促進，無論從內容及形式上均這樣。在內容上，作者對於月亮的頌讚，可配以詩篇或詩句。在形式上，書畫組合得漂亮不只是在組合上，而在於繪畫及文字上的襯托和比照出不同的風格。正如練習書法可陶冶人的性情，繪畫也可以。不同的情感可盡露於繪畫之中，當憤怒時可畫竹寄意，繪畫竹葉時，手的動作仿如手持刃劍揮舞着；無論手的動作或竹葉相映的景象，均幫助人抒發出其激憤，促使心境鬆弛。其他不滿情緒也可透過繪畫誘發而出。

　　從某程度上說，那些懂得使用毛筆書寫的中國人，均能欣賞中國畫的每一筆及整體組合。如果你曾對書法或畫中的筆法進行練習,你就會領略到他人筆觸的可貴。中國人是規則先行,而美國人崇尚自由,鼓勵孩子天馬行空,在紙上畫下任何想像到的東西;相比之下,中國孩子是先學習規則再給予自由。中國小孩子首先學會模仿大師寫得一手好字,然後才自我發揮,展示自己的風格。中國人強調先學好基礎,然後自己創作;美國的學生學會了一些繪畫基礎,其師長就容許其多加創作。從另一方面看,美國較年長的博士生亦須學到其學科的基本,才可以在博士論文中有所創新。中西兩種教育方法,在不同的社會環境下各有特點。

　　中國知識分子練習書法到某一程度之後,他們也會欣賞中國畫。同樣的毛筆,類似的筆法,均可應用於書法與繪畫。兩種藝術形式的實踐,都是利用手部、有時更需身體移動配合,能達致某種精神狀態及情緒。正如 Fong(1992,頁 4-5,請見本書末參考書目,下同)所說,對書畫的欣賞需要將自己投放於作者的角色中,想像一下他是如何創作的。這是一項積極的參與,將自己處身於書法家或畫家進行創作的角色,而不只是對作品本身的觀摩。美好的生活是享受,不只是練習書畫的過程,而是同時將自己代入到藝術家的視角去欣賞他人的傑作。

手工藝、家具及其他藝術形式

　　中國人善於利用自己雙手製作出精緻的物品。這就賦予他們源源不絕的快樂，光是寫得一手好字及繪畫，已是樂趣無窮。中國知識分子也可享受到雕刻一枚印章之後送給自己及友人的歡愉。中國習慣在文件上加蓋印章，代替簽名。印章雕刻者須具備相當的才華，在一小塊石頭上，雕出漢字的鏡像，是不容易的功夫。中國藝術家的技巧還可從中國種種手工藝產品中觀察到，這些產品均可在香港及中國其他城市的店舖中買到，也可從中國以外其他店舖裏購得，但選擇會較為有限。在中國的店舖，人們可以發現中國家具、陶瓷、景泰藍花瓶，以及其他古玩精品。明代的家具及花瓶尤其聞名於世。古老的中國花瓶，不管是哪個朝代的，都非常珍貴。

全球很多博物館都珍藏中國的手工藝珍品，但最上佳的要算是放在台北的故宮博物院的。這些珍藏正如台北的博物館的名稱所說，原是清朝位於北京的故宮博物院的珍品。這些是幾百年來皇帝積存的珍寶。在中國，當一個朝代建立，新的皇帝會將前朝皇帝所擁有的珍品據為己有。1911 年中華民國成立，由國民政府充公這些美不勝收的珍藏，成為國有財產。國民政府於清朝皇宮原址設立故宮博物院，展出這些古物。1949 年中共建國，以蔣介石為首的國民政府遷台時將最上好的珍品也搬到台北，並建成故宮博物院予以展出。那裏珍藏的是皇帝世代相傳的喜好，是他們於各個年代搜羅到的民間最優質的極品。因此，台北的故宮博物院是一個非常傑出的博物館。

建築 —— 樓宇與花園

日本京都的寺廟代表了中國唐朝最佳的建築之一。日本於中國唐朝時吸收了不少中國的文化，學會並採納了中國的文字，繪製中國畫，又建成各種中式建築物。在中國，因為戰亂及外來入侵摧毀了絕大部分的建築，已很難再找到古代中國建築。中國的建築形式及風格非常簡單，早期著名的建築師 Frank Lloyd Wright 曾被中國的風格所影響，之後才發揮自己的特色。

中國古代建築的獨特之處是，當時木建的建築物並沒有使用任何鐵釘裝嵌，而是將木頭與木頭之間接觸的兩端挖空，兩者相互對稱，把兩者嵌入就可牢固地緊扣起來，支撐着建築物；這點與中國家具異曲同工。中國的棟樑以及間隔可以自由移動，隨意將客廳及房間分隔，這是中國建築的特色。現代西方建築也有採取，近代的樓房便是使用嵌板建成。此外，中國的建築色彩鮮艷，紅牆綠瓦，顏色對比濃烈。這些建築物於三十年代亦即我在廣州成長時，並不算特別，我家也是這種建築物；當我後來進大學時，很多建築物亦是此類。到廣州的遊客仍可在中山大學看到這些建築。在中國很多地方，包括北京的長城、故宮，均可看見中國宏偉的古舊建築。近年，憑着中國建築師新穎的創造力，中國的建築發展很快，從全國多個城市尤其是上海，可見中國新一代的建築花樣甚多。

中式花園尤其是蘇州的園林，聞名遠近。那裏有假山，由石頭堆疊而成，形狀千變萬化，小孩子可在那些奇形怪狀的假山之中捉迷藏。那裏有漂亮的花卉，正如世界其他公園一樣。中式花園有的設有魚池，以增加多樣性。不管有沒有游魚，有水的地方總具吸引力，能令人心情舒暢。到紐約的國際藝術博物館（Metropolitan Museum of Art）參觀，可以一睹蘇州園林的一角，其周圍還矗立着中國建築物。對中式花園感興趣的朋友可以參閱 Valder（2002）。

功夫與技藝

　　長期以來，人們視功夫為一種鍛煉身體的活動。功夫有兩種派別，一是硬功，一是軟功。功夫一般被視為硬功，在電影裏常常見到演員打功夫，用盡身體任何一部分攻打對方或自衛，渾身是勁。功夫與拳擊不同，拳擊不可以用腳踢，功夫可以手腳並用，連手指、額頭都可以出擊。功夫並沒有任何規則來限制使用身體哪些部位，或是反對那些動作來保護自己或是攻擊對方。武打功夫者的勁力，可以從其動作及面部表情看出來。功夫的動作一般是快速的，練武者需要非常刻苦，才能練出好身手。第二種軟功夫以太極拳為代表。它是一組動作，舞起來軟柔柔，習者面部的表情顯得平靜。我對太極比較熟悉，接下來就述以詳情。

　　太極拳約有 120 式，須一個個動作依次序、連續地耍出來。每個招式必須準確地、慢慢地進行；認真來說，需要至少半個小時才能完成一套連續的動作。每個招式都有一個名稱。有些動作是重複的，每個招式可應用於捍衛自己或是必要時攻擊他人。練習時人們假想存在着一個敵人，並想像每一招式如何在兩人對打中產生作用。雖然習武者並非明顯地利用力量，但在動作中可練出"氣"來，這是暗藏的內功，力量無窮。隨着擺舞動作，人的重心從一隻腳轉到另一隻腳；當一腿要起飛踢，另一腿必須直立；雙腿練習時保持微曲，一般並不垂直站立，目的是鍛煉雙腳處於靈活狀態，既可扎實站立防禦攻擊，又可隨時出擊。耍太極時，重心由一腿轉移到另一腿，可促進血液循環，並加強腳部的力量。太極這個意念是利用精神控制身體的某些部位，而不是依靠粗暴的力量。太極師傅面對通曉硬功夫的對手，能夠以柔制剛，經常勝出。人們平日耍太極練習的，未必知道如何去打鬥，除非他要特別上課學習真實的打鬥；他們學到的不只是身體的鍛煉，在慢悠悠的動作中他們也學會精神上的鬆弛，但又全神貫注。在舞耍全套太極拳時，是需要聚精會神的，因為有些招式類似，容易混淆；一不留心，很容易就會發現打錯招數，切忌。太極的動作輕巧、緩慢，仿如舞蹈一般漂亮。我曾見一名八十高齡的太極大師，行走如少年一樣，她的身體平衡而穩定，步履輕盈，無需着力，這全靠她每天鍛煉太極所得。

　　另外，中國還保留着一些包含身體規律性擺動的藝術。中國人喜愛戲曲，不同地區各有特色。對於中國戲曲新手，各地區的戲曲看來差不多，可能都會說是京劇，但對於戲曲迷則眼光大異。這種藝術對於西方人來說並不容易欣賞，會覺得那些歌唱及伴奏聲音太大，而且歌聲太尖。中國人則可知曉，且對每位歌唱者不管男聲或是女聲都能欣賞；很多時候在戲曲表演中，唱女聲的會是男士，或是唱男聲的由女士擔任，顯得別具風格。除了唱功，戲曲中演員亦須舞動身體，顯示其力架十足。優秀的戲曲演員能使出渾身解數，大方得體的擺動，配合演員的面部表情，表達出喜怒哀樂的情感。至於舞台設計，則相當簡單，只以一張桌子及一兩張椅子作道具。有時會有丑角出現，表演打開門，但事實上台上並沒有門，有時則表演騎馬，但事實上台上並沒有馬匹，他們的出現令劇場更為生動有趣。舞台上演員將古代不同時代的悲歡離合，透過面部表情、歌唱、武術，以及不同的架勢，一一展現開來，表現出一門高深莫測的藝術功夫。戲曲不只是人們在聽覺及視覺上的享受，他們閒在家裏，也會與親朋一起唱戲和表演，仿如現代人唱卡拉 OK 一樣。人們欣賞戲曲，同時也在認識中國傳統價值，這些觀念薰陶着新一代，可見戲曲表演同時有其教育大眾的功能。

雜技表演也反映了武術的功夫。有些戲劇情節中，會加插雜技表演。電視台一些大型的表演除歌舞、魔術之外，也有雜技。外國遊人一般喜愛雜技表演，對表演者多表讚賞。中國的表演者都非常優秀，同時刻苦學習雜技及功夫這兩種相似的技藝。表演者自小就接受訓練，因為年紀小而身體柔軟可以適應高難度動作。在美國拉斯維加斯等地進行精彩的舞台表演，均需要身手靈敏的人才能在高空危險處表演，這原先都是從中國招聘過來的。

　　除了講到京劇時涉及美妙的唱腔與奏樂外，我尚未具體談到中國的音樂。中國音樂於古時從中東引進，或者應該說，至少受中東音樂所影響。從唐詩中可瞭解到美妙的舞蹈伴隨着悅耳的音樂，詩詞《長恨歌》讚頌唐代皇帝與妃子的愛情故事時就說過 "緩歌慢舞凝絲竹，盡日君王看不足"。中國音樂是依賴記憶傳下來的，並沒有記錄，樂譜也失傳。現代研究已嘗試把古代樂譜恢復過來，而且要找出古代音樂的音質。中國的樂器則保留下來，弦樂及鼓樂在京劇中佔重要地位。現今普通的中國人愛玩吹奏樂器。至於敲鑼，在中樂團中亦佔有一定分量。1997 年 6 月 30 日為慶祝香港主權回歸而表演的一場中樂，鑼鼓震耳，氣氛歡樂。

中醫與中藥

　　中國經過數千年的歷史，人們已發現具有療效的藥物以及治理方法。對於西醫來說，中醫未必得到他們讚賞，但近年來中醫已受到更好的賞識。中醫的效用是建基於長期知識的累積，而西醫的歷史則較短。然而，中醫並非通過科學方法來發現的，但科學方法並不是惟一來發掘有用的知識的途徑。雖然科學方法是非常系統的而且能有效地對症下藥，而中藥則欠缺有效方法論證，只以較長時期累積經驗來搜集資料，但是，在對付某些疾病時，亦可與西醫同樣有效，甚至達到更佳療效。

中醫對付某些疾病可以治療得更好，只因中國人經年累月地搜集草藥，並對之試驗及探索較多。例如吃中藥就可消除腎結石，透過尿液排出體外，而無需開刀。中醫經數個世紀相傳和使用，有更多的例子可說明中醫及中藥的療效。一些西方的醫療研究人員曾發現某些中藥的效用，而且已嘗試進行化學分析以找出製造藥物的方法。此外，中國的針灸現在也頗受關注，在美國也有執業行醫。

很多受高等教育的中國人，仍然接受中醫治療並輔以西醫。有一次我在北京大學附屬醫院求診，醫生問我願意吃中藥還是西藥，我想了一想，決定用中藥，因為我相信中藥可對我的疾病有療效，儘管我也相信西藥有效用。香港於 2003 年春季出現非典型肺炎疫症時，港府邀請廣州中醫師來港，實行以中西醫合作對抗肺炎，醫學界專家及大眾相信中藥在治理肺炎病人確有療效。中藥的一個基本功能是，能有效提高身體的抵抗能力，以防範疾病；即使染上疾病，一個健康的人總是較易康復的。

文學與詩詞

中國文學隨着數千年前文字的發明而開始。三千年前周朝時，中國已發展成不同的文學體裁，有散文、詩歌及史傳。著名的史書有孔子於公元前四百多年所編的《春秋》，記錄着魯國的歷史，是上佳的文學作品。漢代司馬遷於 2000 年前撰寫的《史記》，也是很好的文學作品，在本書第一章中已引述一小段。

　　中國文學於清朝時期發展到另一高峰，由曹雪芹撰寫的小說《紅樓夢》聞名至今。它在多方面令人讚賞，一般中國人因它的內容及文學風格吸引而反覆閱讀，學界則非常重視該書，有"紅學"這個研究領域，仿如研究經濟及數學一樣。有些人以畢生的精力研究這部小說，有些美國大學還設有紅學一科讓學生選讀部分精彩的章節。如果你奇怪為什麼這本書可以單獨地成為一個研究領域？你可以想想，它是跨學科的一個代表啊。現代的學者傾向於專門設立或在學科中細分。前現代（pre-modern）學者如 Benjamin Franklin 精通多方面領域，但現在學術界已劃分為不同領域。紅學學者可從該文學巨著中，綜合地研究其散文、詩歌、人文心理、社會學及建築學等等。

　　這部小說是講述一個與朝廷有關係的大家庭，書中的一個女兒是皇帝的妃子，主角是一名與很多年輕女子拉上密切關係的賈寶玉，有些是他的甥女及侍從。書中有 120 章回，每章均令人無比讚歎，使人沉醉於某一個題材如詩歌或建築。書中有數以百計的詩，每首詩形容某一人物，反映出作者眼中他們無比的才華及獨特的個性。詩的主題內容也非常廣泛，各章節有其特色，一章是深入從不同角度談建築，另一章醉心談戲劇等等，書中提及廣泛的知識，於眾多故事及人物中交織鋪述。無論小說人物的行為、情緒及人際關係，在曹氏筆下均活現於字裏行間，深入細膩。作者每個章回逐一編寫及印製，每個章回都很有張力，都留有餘地讓讀者盼望着情節的發展。讀者可以視曹氏為一個學者，他在告訴讀者一個長長的故事時，同時教授多門學問。

　　我於第一章曾簡單地說及唐詩。唐詩在形式上限制很多：每句字數需均等，有五言、七言；句數受限制，一般四句的叫絕句，八句的叫律詩；也限制每首詩的每節的句數；絕句的第一、二及第四句的最後一個字須押韻，第三句的末字則扮演着對比，或是停頓一下，等候最後一句高潮的來臨，使之更為和諧動聽。把詩句背誦出來，或是高聲朗讀，抑揚頓挫，仿如詠唱一樣。反映情緒的詩句誦讀的聲音較大；有些人則寧靜地閱看，欣賞詩篇的精彩，但這並不及高聲朗誦、甚至搖頭擺腦，更有情趣。一首詩可以描述自然、人文、情感關係，或是人對自然的迴響。一首詩可藉大自然對人類的回應，用自己的文字來表達人類對大自然的理解及欣賞。一首詩可以告訴人們一個有趣的故事。由於詩句是以特殊的形式及押韻的詞語所組成，人們在心中默誦也可得到無窮的樂趣。

　　今時今日，中國人對唐詩仍然閱讀、背誦及寫作，其他形式的詩歌亦已發展出來，唐詩之後有宋朝的詞，比唐詩有更多變化，也有更為嚴密的限制。宋詞每句可有不同字數，但人們傾向跟隨過去有名的詞以同樣的結構來寫。這就意味着跟隨者必須每句字數一樣，並每句押韻。與其說寫一首宋代的詞，不如說是人們“填”詞而已。文學上的追隨者模仿有典範風格的詞，根據其平仄韻律來填寫。著名學者詩人蘇軾的詞句堪稱一絕，模仿者眾。宋代之後已經過去數個世紀，中華民國的學者選擇西方，主要是英國、法國的詩詞風格，在結構上及行數上可較為多變。當今的中國學人也不只會背詩，而且能寫詩自娛，公諸同好。

哲學

　　中國哲學的特點在於多樣性及其深度的內涵。於兩千多年前周代末年春秋時代，哲學流派百家爭鳴。學者要是研究當代及後來不同的哲學思想，便可發現很多是今天的主要哲學思想。孔子提出不少關於人們修身、道德、處理倫理關係及維持社會和諧的主張。他具有完整的倫理體系來引導人們修行，以達致社會有序。除了儒家思想之外，法家、道家等都是中國哲學傳統。與其採取一個學派，不如從眾多學派中擇優，因應不同環境選擇最合適的。人們選擇以儒家思想實踐其人生的，有時也會應用道家思想，在處理某些個人事務時更覺輕鬆自在。道家的老子思想以“無為”為重點。無為意即順其自然，讓事物自行演變。人們可能發現自己很難面對一些困難而作出決定，因為於不同行徑中作出選擇，過程是令人苦惱的，會消耗人們的精力且有挫折感。依從老子思想，讓事情自然發展，很多時候問題可迎刃而解。當然，並不是所有問題都可自行解決，但是人們在適當時間其實可以無為勝有為。同樣地，中國人可以信奉多個宗教，同一天可以去佛教寺廟參拜，並聽從道士講經教誨；一人同信兩種宗教是不錯的。中國人一般不相信絕對真理，或是只相信惟一的一個神，這種態度能幫助他們更為寬大容忍。

中國人是現實主義者。中國哲學更傾向關心人文事務，多於探求超自然的揣測。雖然有些道教主義者愛好預測未來，但中國人對純粹抽象的形而上學仍普遍不感興趣。哲學問題包括如何認知客觀存在，這對於中國人來說並非是具有吸引力的議題。很多中國人並不明白為何會如此提問，他們知道自己存在是理所當然的，而且是很自然的假設，即使對此提出挑戰而持有理據亦是沒有多大作為的。中國人是非常務實的，他們將精力投放於解決現實生活上的需要。孔子被問及對鬼神的看法時說：“未能事人，焉能事鬼。” 那些道德及政治哲學是中國歷史的重大寶藏。中國有不少可讀的名著，涉及經濟、法律及社會各方面。讀者有興趣中國哲學的可參看 Chan（1963）。

孔子哲學與中國人的日常生活

正如先前所說，中國哲學思想之中對中國人日常生活影響最大的是儒家學說，這裏我將談一下該學說對中國社會的影響。

個人行為

儒家學說主要記載於四部書之中，即《大學》、《中庸》、《論語》及《孟子》，這都是我年輕時候常閱讀的，我父親這一代也經常誦讀。《論語》是由孔子的門徒輯錄的，有點像耶穌的教誨，他自己從沒有撰寫任何書，但他的門徒替他把事跡記錄下來。孔子提倡美好生活的基本理念是忠心、孝順、仁慈、誠愛、守信、正直及平和。這些都是人的行為規範，使社會達到和諧、大同的境界。他認為，作為臣子應忠於士大夫、皇帝或國家；孩子要對父母孝順；上列詞語均有明確的涵義。正如孔子勸告，一個人要有成就，首先要學習觀察和瞭解周遭世界，接着，要訂下一個合適的目標，自律地把它實踐起來；之後，就要致力於家庭和諧，或是治理國家，最後實現一個和平的世界秩序。"修身、齊家、治國、平天下"正是孔子對人們實現世界大同所主張的四部曲。儒家另一個重要教誨是，在日常生活中不要選擇極端，而是採取中庸之道。

家庭關係

從個人教誨到家庭和諧，孔子都一一教授如何達致。孔子認為，在家庭裏，成員各自做好本分就可達到美好的家庭生活。孩子務必服從及尊敬父母，父母應愛護孩子。妻子必須跟從丈夫，但丈夫必須愛護及照顧妻子。無需多說，孔子的傳統中國文化思想並非十分適用於現代美國社會。在中國，年幼的弟弟應服從年長的哥哥。與現代美國家庭的情況不一樣的是，年齡或出生的先後非常重要，在傳統中國則決定了人們在家庭中的地位，正如兄弟的角色明顯不一樣。對於美國家庭來說，這樣的社會級序有些奇怪，但我在中國也是這樣成長的。

　　孔子除了安頓每一家庭成員的角色之外，還認為家庭團結及睦鄰相互合作都很重要。西方個人主義教導一個人要先照顧自己，然後對自己所喜愛的人儘量照顧；但中國的集體主義意味着家庭成員為着家庭整體好處而要自動地犧牲一己的利益。如果一個成員能這樣做，所有的成員都將分享到好處。我的家庭曾有這樣的經驗：我的父親有一次賺了一大筆錢，比他的父親及所有兄弟姊妹要多，但他把他的財富與所有家庭成員包括堂兄弟姊妹一起分享。1937 年中國與日本交戰，我家遷到香港一間頗大的樓房，房子是由父親擁有的，之後內地親友（包括幾名堂兄弟及他們一家）逃難而來，也搬到我們的房子；曾經，那裏約有 65 人，包括僕人及園丁均住在這間屋內。中國的家庭制度不單是建基於孔子的教誨，還有其歷史背景，例如：同村人們有需要團結捍衛村民抵禦外來入侵；可見團結這個觀念，乃從家庭制度推展至同村所有成員。中國人把“大家同鄉、同村”看成一個密切的關係。

　　密切的家庭關係有時形成了家族式企業的基礎，也是中國式企業的特色；東亞國家也深受孔子這種文化思想的深遠影響。家族式或一般企業的僱主，均傾向聘用家庭成員協助經營。這種聘用的方式，有時會使有才華者遭受歧視，被擯諸門外。儘管如此，家族合作及忠誠是經營生意的優勢，是危機處理時所必需的。樂意合作以及犧牲自己，對比於維護一己利益，對企業經營更為管用。

社會秩序

儒家倫理及道德標準形成了社會秩序的基礎。作為公民要儘量發揚五種德性：仁、義、禮、智、信。與此同時，相互尊重、誠實、奉獻（忠誠）也是人們的相處之道。社會秩序是建立於個人的道德行為，而不只是在法律制度之下服從，我將於第三章談論經濟行為時進一步討論。至於統治者，則須表現仁愛，以德統治，才能得到人民的愛戴，而不是依賴法令或行政以懲罰作威嚇。如是者，市民將願意依從，從心而出，而不是單純的服從命令。

總之，儒家強調集體的美好更重於個人權利。市場經濟得以實施是由社會眾多人們協同努力，將自己的經濟利益最大化，漢朝史學家司馬遷早已對市場經濟有所領悟。無論如何，儒家的烏托邦世界是假設人人都可分享他所擁有的，世界是屬於全人類的，個人擁有並非最理想的，每個人於社會中應敬愛別人的父母尤如自己雙親一樣，愛護他人的孩子尤如自己親生的一樣。孟子說："老吾老以及人之老，幼吾幼以及人之幼。"這是存在着某種社會主義的理念：全民分享及全為集體作貢獻。儘管私有財產在中國存在已久，而且須由皇帝批准，但人民被鼓勵施與多於接受，持續多於急進，耐心多於催促，反省自己多於譴責他人，容忍比自由更為重要。

總結

　　中國文化價值得以維繫，部分原因是這些哲學理念歷久不衰。這些理念部分是建立在人的真實經驗上，而鮮有受到科學及技術前進所影響。現代科技日新月異，但人類之間關係的特色卻變化得很慢。優秀的文學、悠久的歷史、美好的詩詞以及影響深遠的哲學思想，是中國人引以自豪的文化。為求科學及技術前進，嶄新的理念須取代古舊的，但是，西方哲人柏拉圖及亞里士多德的理念仍然被唸哲學的現代學生所閱讀。同樣地，中國承傳下來的道德及政治哲理亦是持久的。

　　這一章我已嘗試展示出中國人的生活水平如何受到種種的文化薰陶而提高。中國文化包含廣泛，有烹飪、書法和繪畫、手工藝、武術和表演藝術、醫學知識、文學與詩詞、哲學及人文生活方式等。這些都是中國人長期學習及實踐所積累出來的成果。

　　當讀者看見本章題為“文化與日常生活”，可能會想到中國的貧窮，想像到不少中國人生活於水深火熱之中。很多中國人其實並沒有享受到上述文化的瑰寶，但是一些如烹調和鍛煉太極拳等，中國窮人亦可受惠。其他的中國文化，只要人們有機會學習就能享受到當中樂趣。至於道德標準，不論貧富均予適用。我們要使更多中國人受惠於中國文化，最重要的是提高中國人的教育水平。本章以“文化與日常生活”作討論，我已集中提到中國文化怎樣為我們帶來福祉，中國龐大的人口不少已經得以受惠。

參

THE ECONOMY
OF CHINA

中國經濟

　　中國經濟近三十年來一直高速發展。中國由共產黨執政，於 1953 至 1978 年這 25 年確實是執行中央計劃經濟，現在實行的已是市場經濟。作為一個對中國感興趣的經濟學家，我於 1980 年開始跟進觀察中國經濟的發展，有關研究部分已發表於多本著作（Chow，1985，1994，2002）之中。這裏，我會嘗試回答一般讀者對中國經濟關心的多個重要問題。1949 年以前中國經濟是怎樣的？最新的情況是什麼？中國經濟規模有多大？發展有多高速？預期未來二十多年可否繼續高速發展？不同地區的貧富差距有多大？中國經濟機構的實力及弱點是什麼，以及它們有何特色？

1949 年之前的中國經濟

　　讓我們從三十年代，即 1937 年中日戰爭發生之前，展開對中國經濟狀況的探討。當時主要是農業經濟，逾 85% 人口參與耕種。當然，工業化已在進行中，而金融市場亦已發展起來。雖然第一章談到中國經歷多次的政治動盪，但人民的活力及才智仍然能夠在當時的市場體制中把經濟發展起來，當時的中國政府亦很努力發展經濟基礎建設。三十年代中國社會已運行着相當良好的市場經濟。

　　中國農民知道怎樣耕種，他們繼承着世代先祖的農業知識。中國農地每畝所用農民的數目遠多於美國農民，但每畝的產量則等同於美國。換句話說，中國利用大量農民的勞動來代替美國農業機械的運作。中國人知道什麼農作物在怎樣的農地耕種，也知道需要輪流耕種農作物。關於該時期中國耕種的很多有用資料，可以從 Buck（1930）一書中瞭解。

中國工業主要是輕工業，生產消費品如紡織、製衣、造紙、玩具及火柴。這些行業集中於沿海城市，尤其是上海。中國銀行興盛，而且擁有着當時發達國家的商業銀行一樣的規模。在上海已存在運行良好的股票市場。政府興建鐵路、公路、港口、電訊，以及可供給多個城鎮的電力廠。部分發展項目是與外商一起投資興建的。外商擁有工業、商業及金融企業，尤其處於沿海租地者，更成為了中國企業借鑒發展的榜樣。可以肯定的是，即使當時在中國沒有外資企業，中國人亦可自行學會建設，但無可置疑的是外資企業能幫助訓練中國的管理及勞動人才，引入現代化的科技，並激勵本地企業競爭，這是外來帝國主義進入中國的正面影響。

在探討三十年代的中國市場經濟狀況時，從中可得到一個重要啟示：在市場經濟之下商機處處，發達國家的科技發明成果纍纍，中國人自己有能力發展經濟，其前提是需要有一個相當穩定的政治局面。全球發達的經濟實體包括四小龍的香港、新加坡、台灣及南韓，其發展前期亦遵循這個軌跡。中國於 1978 年實施經濟改革之後，採取市場經濟體制，經濟全速發展並非意料之外。市場體系、優質的人力資源以及現代科技的使用，充分地促使中國經濟得以大大提升。

1937 年中日戰爭使中國的經濟運行開始遭遇阻礙，接着的第二次世界大戰（1941-1945）、國民黨及共產黨之間的內戰，直至中華人民共和國於 1949 年成立之前，中國都處於混亂不堪的戰爭狀態。戰後幾年經濟漸漸恢復，中國始實施計劃經濟，這一點在第一章已有所描述。第一章還簡單描述自 1978 年以來實施經濟改革的過程，最後發展成社會主義市場經濟，我現在將仔細地討論當今的中國經濟。

當今的中國經濟

經歷三十多年的經濟改革之後，當今的中國經濟根本上就是一個市場經濟。當你在中國旅遊，你將發現一個市場經濟正在運作，只有少量計劃經濟的痕跡。計劃經濟的殘留，只有當熱切的觀察者跑到國有企業及國營商業銀行的內部進行調查，才能被發現。若作為一個旅客，你會發現消費品充裕而優質。你可以找到一間上佳的酒店入住，購買機票或火車票到處旅遊，隨心所欲。你可以買到近乎所有你想買的東西。你會發現中國主要城市的人民生活得不錯，他們衣着入時，到餐廳、戲院消費，逛公園和博物館。他們很多都自己擁有車輛，其本身就是中國的旅客，也到海外旅行。他們已懂得自己創業、做生意，而且盈利頗豐，比如你可以見到自營商店、百貨公司、餐廳及民營企業。他們於上海及深圳股票市場投資，1993 年已有 1,198 間公司上市，在這兩個股市的上市公司股票總值達 4,300 億元人民幣。你已看不到共產主義的蛛絲馬跡。以往當局嚴格控制人民，現在人們可以自由搬遷；言論更為自由（這點於第六章再談），人們又能接觸西方思想；愈來愈多市民能說英語，部分還說得很好。他們閱讀英語雜誌及書籍，聽西方音樂，看荷里活電影。他們有朋友及親戚在海外工作或讀書。在上海，國際婚姻愈來愈普遍。據《人民日報》2002 年 6 月 9 日報導，內地中國人與境外公民結婚由 1980 年少於 400 對，增加至 2002 年的 2,705 對（40% 與日本人，38% 與香港、澳門或台灣人，6.3% 與美國人）。這顯示上海集聚了多元的生活方式。

人們居住於沿海地區或內陸城市周邊的鄉郊，生活顯得十分美好。那裏有漂亮的房屋，彩色電視及雪櫃應有盡有。很多以前是鄉郊的地方，現已建成小型的現代化鄉鎮，矗立着現代化的房屋，而且道路設施完善，兩旁是小店、餐館、美麗的公園和現代的學校和戲院。位於廣東省南部靠近香港的珠江三角洲地區，以及上海所處的長江三角洲均非常富庶，而且發展得很快。製造業於該地區及附近城鎮（原先鄉郊地方）均非常蓬勃，所製造的消費品包括家具等均銷往世界各地。距離上海不遠的蘇州，人們可以一邊感受其古老文化，同時又察覺其現代化發展。那裏的蘇州工業園有先進的高科技公司進駐，有點像美國加州的硅谷，雖然尚未完全達到那樣高的水平。中國內陸及西部省份仍然貧窮，但大部分人已有足夠食物，看來也健康。我將在本章稍後討論地區貧富差距的問題。

在這活躍的經濟背後，亦存在政府低效及貪污的問題，兩者均與中國官僚體制有關。外國及本地投資者新設一個商業項目，或者要保持現有經營順暢運作，一定要與中國官員打交道。政府官員有權發出許可或審批經營項目。官員任職於國有企業及國有商業銀行，握有權力控制稀有資源的分配，而這些資源可能就是投資者經營生意時所必需的。很多時候，官員為投資者辦事之後抽取酬勞，貪污以不同程度地廣泛發生，這將在第六章討論。中國官方稱其經濟模式是"社會主義市場經濟"，而另一個更貼切的描述應是"具有官僚色彩的市場經濟"。

中國的經濟規模

　　中國經濟的生產總值有多大？需先表明，利用經濟生產總值作為量度經濟福祉的指標有其局限性。生活質量包括家中閒餘活動帶來的樂趣，上一章並沒有將此作為生產總值衡量。近年來，學者已指出由於生產所造成的環境質量下降亦應該計算在經濟指標之內。再者，衡量經濟效益在一定程度上是主觀的。試想十九世紀的中國偏遠地方，人們對經濟效益的看法是什麼？是討厭見到鐵路。他們認為，鐵路的興建侵擾了山上的神靈，會損害其福氣。從他們的觀點看，鐵路破壞環境，不是經濟效益，除非他們認可鐵路的景觀具有吸引力。

　　傾向自由貿易的現代經濟學家可能對中國及日本難以理解：為什麼他們不願意打開門戶與外國人做生意呢？西方必須動用武力去打開中國及日本的市場。買辦 Perry 於 1861 年打開日本的門戶。中國則於 1840 年鴉片戰爭失敗後被迫開放貿易。中國及日本人覺得，沒有外來貿易他們生活得很開心。現在也有歐洲人不喜歡某些美國入口產品例如汽水、快餐食物及流行音樂；但其他人則樂於選用這些消費品。在鴉片戰爭之前，部分中國人選擇吸食英國運來的鴉片。所有產品都計入國民收入中，即使有些可能對健康產生不良作用的。在全球化經濟進程中，我們衡量經濟效益，單是依據消費作為經濟生產時，應注意上述談到的質量問題。

我們該如何比較一個國家與另一個國家的生產總值呢？如果只有一件產品，譬如鋼鐵，簡單地說就是取得兩國鋼鐵生產總值作比較。而事實上，生產總值在每個國家是包括不同產品的：有蘋果、橙、鋼鐵及馬鈴薯等。衡量一國的生產總值是根據全部製成品及服務所生產出來的整體市場價值，以現有價格計算，得出一個全國生產的數字。對第二個國家也可照此處理。第一個國家可能在價格上以美元計算，第二個國家則以人民幣。人們可以比較兩國的生產總值，利用第一國的價格（即以美元計算）來評估第二國的生產量。兩國的生產總值都須同樣以美元計算，才能比較。同時，人們也可以利用第二國的價格（即人民幣）來評估兩國的生產量，而且同樣以人民幣計算，然後比較。人們可以預期，這兩種方法能產生不同的答案。事實上，世界銀行的職員曾比較中國及美國的生產總值，利用美元價格來評估中國的生產量。根據世界銀行的報告《進入二十一世紀》（2000，表 1，頁 230），1998 年中國的生產總值是美國的一半，報告將中國的生產量以美元價格計算，該年中國生產總值是 39,836 億美元（US$3,983.6trillion）。

利用世界銀行估計中國 1998 年的生產總值是第一步。我們可以預測中國及美國的生產總值，直至 2020 年。以 1998 年作為起點，中國的生產總值是美國的一半，讓我們假設未來 22 年，中國的生產總值將保守地每年平均增長 6%。從 1998 至 2002 年中國的經濟增長是介乎 7.5-8%，由 1978 至 1998 年經濟增長是 9.6%。如果中國經濟未來 22 年（1998-2020）以年均 6% 平穩增長，那麼美國在其間經濟需要每年以 2.9% 增長，才能於 2020 年與中國達到同樣的生產總值。由於 6% 的經濟增長對於中國是保守的估計，而 2.9% 的經濟增長對美國也是一個合理的預測，因此屆時 2020 年或是該年前後，中國的經濟生產總值將會與美國一樣龐大。（編者按：2015 年中國生產總值約為 10.42 萬億美元。）

中國政府官方統計的準確性

有些人可能懷疑中國官方的統計數字。我相信，目前所用的中國官方統計數字從整體上來是足夠準確的，可以說明我要表達的內容。首先，對於長期性的趨勢研究，可以允許一些變量出現的較大錯誤。舉例來說，如果中國的 GDP 被中國國家統計局高估 20%，而我們研究的目的是計算 1978 至 2000 年之間 GDP 的增長，官方如此高估了的 GDP 不會影響到我們的計算，只要其高估是持續地一樣出現。即使高估的幅度不按比例，如 1978 年達 10%，1998 年達 20%，要比較該兩年 GDP 的水平而取得的平均升幅，亦不會出現實質的影響。這點是數學上的事情。我再以官方數字舉例說明，中國 1978 年的 GDP 是 3,624 億元（362.4billion）人民幣，而 1998 年是 23,129 億元（2,312.9billion）人民幣。那麼，在 20 年期間平均的增長指數（exponential rate of growth）是〔In (2,312.9) － In (362.4)〕/20 即 0.09268，相對於每年經濟增長率 exp（0.09268）＝ 1.096 或每年 9.6%。懷疑者可以提出充分的辯駁及論據，質疑 1978 年 GDP 的 3,624 或 1998 年 GDP 的 23,129 估評失實。但無論如何，先讓我們將 1978 及 1998 年的 GDP 當作是高估了，後者比前者高估 30%。於是我們應修正 23,129 億為 17,792 億元人民幣，經修正的每年增長指數是〔In (1,779.2) In －(362.4)〕/20，即 0.07956，相對於每年增長率 exp（0.07956）＝ 1.083 或 8.3%。因此，即使 1998 年生產總值出現如此大的估計失誤，亦不改變中國經濟增長非常快速的結論。原因是將 1998 年這一年的估計大幅減低之後所出現的影響，在計算時被過去 20 年平均攤分，得出增長的數字只是個平均數。

以下的考慮可能會對評核中國官方統計數字的準確性有所幫助。首先，中國官方統計局官員是有明確的責任蒐集及彙報資料的，並儘可能準確。他們提供的數據，無論交予全國人民代表大會代表公開討論用作制定五年計劃，或是交予全球傳媒報導的消息，都是相同的數字。批評者可能提到 1979 年以前中國官方數字並沒有定時公開刊登，也會想到中國政府可能在制定經濟計劃時會利用自己的一套數字，而交予傳媒的則是另一套。其實，如此保密的年代已經過去。自 1980 年，《中國統計年鑒》已經每年出版，提供各項重要經濟數據。生產總值是各種生產的總和，批評者必須翻閱《年鑒》後，才能找出哪一部分生產總值的數字可疑，而且指出由於該部分錯誤而導致生產總值評估出現多大的偏差。

其次，我曾利用官方數據來處理很多計量經濟學的分析，有些刊登於我在 1985、1994、2002 年的著述內，我從經濟理論的角度看，其得出的結果是合理的。數字的準確以及理論的解釋力，兩者是互相鞏固的。我亦發現數據非常切實，能展示出不利於政府情況的一面。舉例來說，可以試想在大躍進期間死亡人數總和的估計，這點我於第一章曾根據官方提供的出生率及死亡率提及過。根據統計局的資料，其如實地反映大躍進期間死亡率高得離奇，而出生率是不足的。

第三，統計局會在政治壓力下歪曲數據嗎？在大躍進期間，毛澤東期望農業生產能每年增長五成，有些鄉村確實報稱生產大增這個現象。儘管如此，統計局也曾指出要檢視一下這些不合理的信息，而且要準確地彙報。結果是，於 1960 及 1961 年農業生產及經濟生產總值均大幅下滑。儘管毛澤東對生產有期許，《中國統計年鑒》刊登的數據顯示，生產總值由 1960 年的 1,591 億跌至 1961 年的 1,119 億元人民幣（按

1978 年的價格計算），跌幅甚巨。至於前些年，總理朱鎔基在 1999、2000、2001 及 2002 年向全國宣佈國民生產總值的目標，也向某些省份提出生產總值的要求。一名省長企圖以虛假數字騙稱達到指標，但北京的國家統計局對於糾正地方謊報虛假數字具有很強的積極性。朱總理並不允許地方提交那些錯誤的報告，而且會懲誡失誤者。有些人認為數據不可靠，在作出一般性批評之前，需要將《中國統計年鑒》的數據再仔細審核一下。

　　就外界對中國經濟數據的質疑，我作出了上述三點評論。另須補充，要是依據中國官方統計數字來預測中國的經濟發展，可能會低估了其增長速度。原因是中國產品的質量將大大改良，這一點官方並沒有計算在內。在美國，如果將一個 2000 年生產的計算機與 1995 年生產的作計算後得出產值一樣，而事實上質量已經改善，這已屬低估了。2000 年所生產的計算機代表了產值更大，因為它速度更快，而且擁有較多存儲空間等等。美國的勞動統計局在計算消費物價指數時，已試嘗調整將質量改善也計算在內。實際的生產值是將名義上的生產值除以價格指數而得出來的。由於在價格指數中包含了質量改良，作為分母的價格指數被減少（因為以同樣價格於 2000 年購買最新計算機，比 1995 年更便宜，而且質量更佳），使實際生產的數字得以提高。中國國家統計局並沒有將中國產品改良品質這一項充分計算在內，因而與早年生產總值作比較，就會低估後期年度的生產總值。這就會導致對中國實質生產的增長有所低估。基於這方面，美國生產的數據已計算品質改善，而中國則沒有，利用現有的統計數字來比較中國及美國的生產增長，會相對低估中國的經濟增長。

中國經濟增長的基本因素

如果我們能夠辨認出一些因素，它們促成了過去的經濟增長，而且有理由相信它們在未來繼續發揮作用的話，我們將可合理地預測中國未來實質的經濟增長。自從 1978 年中國實施經濟改革，把計劃經濟轉變為市場經濟，中國經濟顯著增長。改革後的三十年，中國經濟的實際增長，以國內生產總值計算，年均約 9%，在上述計算方式中已展示出來。正如第一章結尾所指，有三個基本經濟動力助推了中國的快速增長。首先，中國人的高素質。我所指的高素質是指工人的技巧及工作勤勞，以及企業家的活力和才略。第二，市場經濟體制的整體功能配套，即使它們仍有諸多不足。中國政府官員引導推進經濟體系改革所扮演的角色，應享有殊榮；有關改革過程我已於 2002 年的著作中詳述。第三，作為經濟發展的後來者，可以採用最新的科技和管理經驗；相對於其他國家需長時間發展，中國近年發展比其他國家快速得多。這三個因素：人力資源高素質、市場經濟體制以及充分利用現代科技，均足以使中國從經濟發展低水平啟動出驚人的增長。下文將對這三個因素逐一討論。

人力資源：高素質及源源不絕

人力資源對經濟發展的重要性在本書中已多次強調。我於第一、二章已談到中國歷史及文化對提升人力資源的作用。經濟教科書沒有充分討論到不同國家的人民具備不同的素質，對經濟發展所作的影響。在德國及日本，雖然在第二次世界大戰期間本土的天然資源遭大範圍破壞，但由於高素質的人力資源，這些國家在戰後亦取得快速增長。一國的經濟可以表現得比別國為佳，只因其人力資源較好。事實上，這已得到經濟學家的廣泛認同。無論如何，大部分經濟學教科書在衡量人力資源時側重於受教育的年期，而忽視了家庭教育及人們整體對歷史的承傳，這兩點均影響着人們的知識、能動力及工作習慣。

美國這麼富裕，主要是得益於其高素質的人民。與其他國家的人們相比，美國人接受較高的教育，有管理技巧，而且有能力在科技革新中遙遙領先。哪裏能再找到一個硅谷呢？哪裏再能找到 IBM 湯瑪士屈臣氏（Thomas J. Watson）研究中心呢？在 AT & T 尚未分拆之前，哪裏找一個貝爾（Bell）實驗室？哪裏再能找到與美國頂尖大學比擬的學府呢？還有 Apple 及 Facebook 等。這些大學為畢業生在硅谷或其他地方的研究組織及高科技企業提供就業機會。這就是美國人民的素質，在企業家精神、管理技巧、科研革新能力等諸多方面，都促使美國成為全球最富裕的國家。

美國工人的角色也相當重要。由於中國擁有大量優質而價廉的勞動力，美國製造業將消費品如成衣、鞋業、玩具、運動配套、工具及家庭電器等紛紛遷到中國，由此，這些產品入口美國出現了市場爭奪。一些美國工人亦轉向美國一直領先的高科技及某些服務業，從事更講究技術的工種。談到人力資源對中國發展的貢獻，我應談談海外的華人。雖然他們不是中國公民，但他們提供技術、人才、資金及物資上的資源，並運用才智，幫助中國的經濟發展。這是一項中國獨有的資源，乃是其他前社會主義國家所缺乏的。

市場體制：官民得以發揮所長

第二個因素是中國的市場經濟允許中國的工人與企業家，利用其才智來為國家作貢獻及主宰自己的前途。我十分讚

作者（左二）於 1992 年與時任中共中央總書記江澤民會面，討論有關中國經濟發展事宜。

賞中國政府成功地將經濟體系改革為市場經濟。中國經濟改革的官員被海外稱讚為開明而且是積極學習的幹部。他們嘗試從全球汲取經驗,包括美國、加拿大、日本、台灣地區及其他亞洲國家,以至東歐國家。我尚未能察覺到有哪一個國家的高、中層官員是如此樂於學習別國經驗的。

中國官員非常務實,而且勇於對經濟改革實行有創意的理念。1979年他們選出幾千家國營企業,探索給予其更多自主權的可行性。他們利用經濟特區的構想,嘗試找出吸引外資的方式,接着開放給外資的其他城市及地區均陸續增加。廣東省最先於其他省份被中央允許實施市場經濟政策。北京對於有關政策只要試驗成功,就將會在其他地方實施。二十一世紀剛剛開始,中國改革的進程仍然持續。當然,中國市場經濟存在不少缺點,包括那些國有企業和銀行體系存在的問題,我接着將談及。但無論如何,中國市場機制運作良好,足以令她在1978年後的三十年啟動持續又快速的經濟增長。

此外,中國官員堅守"穩定壓倒一切",有效維持社會穩定和秩序,這是市場經濟得以運作良好的必需條件。

現代科技:經濟發展後來者的優勢

第三,中國比發達國家受惠於對現代科技及管理技巧的使用。中國得以採用現代科技及管理方法,主要渠道是依賴外資。外資提供所需資金建設新廠房,同時亦引入現代科技及管理體系。其他亞洲經濟體,包括日本、南韓、台灣、香港及新加坡的發展飛快，也是因應這三項因素：優質人力資源、市場機制及從先進國引入現代科技。中國也不例外，由於這三個因素仍然存在，可以預期未來二十年中國的經濟會繼續實質地增長。中國過去由較低生產水平發展起來，易於高速增長，但是未來增幅將會稍微放慢。中國土地遼闊，有些地區仍然貧窮，尚有較快速增長的空間。

貧富差距

中國經濟飛躍增長，但在全國各地區並不太均衡。沿海省份的增幅大於西部地區。中國的經濟改革由沿海帶動，廣東省的增幅最大，自八十年代至九十年代中每年平均經濟增長高達15%，原因有二：首先，中央政府的政策允許廣東先行市場機制，早於1978年中共十一屆三中全會時領導人鄧小平就提出廣東要"先行一步"，鄧小平的想法是利用廣東省作為試驗站，找出市場經濟機制的出路；其次，廣東靠近香港，透過香港這個國際金融中心能夠吸收外資，從外資手裏可吸收資金、新科技及新管理技巧。

第二個發展較快的地區是上海，她自九十年代初快速崛起。九十年代之前，上海是中央徵稅較重的城市，用以補貼內地其餘地區的財政。九十年代初，中央政府允許上海保留更多財政，與廣東同時採取市場經濟機制。上海發展有了明顯的增長，我們將於第七章討論，並與香港一併來談。福建及山東分別受惠於其沿海地理優勢，福建靠近台灣，山東則有日、韓兩國資金的眷顧。簡單說來，沿海省份經濟增長較快，西部省份則較為落後。

中國傳統認為"不患寡而患不均"，海內外人士對於當前出現的貧富差距憂心忡忡。自 1978 年經濟改革以來，中國貧富差距的確有上升的趨勢，但差距的增幅於九十年代中期已減慢下來。這個說法是建基於對 31 個省及直轄市在一段時間內的人均消費數字的分析。這些直轄市包括北京、上海、天津及重慶（1997 年成為直轄市，以示對全國性工業振興及西部大開發扮演重要角色），其中一個衡量地區差異的方法是：各省人均消費的對數出現怎樣的標準偏差。自 1981 至 1998 年，標準偏差的增幅是每年約 0.5 個百分點，但是至 2002 年這五年增幅放緩至 0.2 個百分點（Chow，2002，頁 170）。關於中國在不同省份中出現消費或收入差距的問題，須注意到一個很重要的事實是，即使最貧窮的多個省份，人們生活水平亦獲得顯著改善。貴州省在 1981 至 1998 年間經濟增長最慢，但期間人均消費每年仍遞增 3.6%（Chow，2002，頁 169），這對很多發展中國家來說已是一項很好的記錄。因此，中國貧窮地區亦受惠於經濟改革，雖然他們比起沿海地區增長較慢。

地區貧富差異的問題實際上有所緩和，那是因為與中國勞動人口自由流動有關。西部窮困地區數以百萬計的人口從西部跑到沿海城市打工，這對東西兩地都有好處。由於勞動人口東移就業，這些工人的生活水平得以改善，他們的親友能收

到匯款，生活有所支持。對沿海城市來說，這些民工亦有推動
經濟發展的作用。一個貴州工人在當地每月只賺 300 元人民
幣，到廣東打工可賺 550 元，收入增加了 250 元。當我寫到
這段時，是 2003 年 2 月，正在香港度過農曆新年假期。一則
重要的新聞報導是：以百萬計在珠江三角洲的民工由於要到全
國四面八方的內陸地區回家過春節，導致交通系統繁忙，火
車、巴士、輪船、飛機要加班運行，以疏導人潮；很多民工獲
批准提前放假或押後上班，以避過擠塞的交通。

　　一個共同的觀念是，貧富差距增大並不是一件好事。究
竟，消費或收入懸殊是否必然為壞事呢？是或否，可從兩方面
看：從反面看來這反映社會不公平和不公正，窮人可能產生不
滿，積累太多怨氣將危害政治穩定；從正面看，懸殊的原因是有
些地區比其他地區經歷經濟增長較快的結果。舉例來說，在普林
斯頓大學最強的 5% 畢業生，於某一年找到工作因工資比往年高
而特別開心，其他 95% 的畢業生也開心，但程度稍低，這出現
了普林斯頓大學生畢業後起薪點差距有所增加的情況；但無論如
何，人人都改善了條件，但最頂尖的 5% 是最為得益的。

　　如果沿海省份能大步發展，而其他省份只是小步前進，
這對中國也是好的。首先，沿海省份是中國的一部分，現在
沿海地區人們較為富裕，亦是中國之福；第二，他們能夠引領
全國變得更富裕，這正是八十年代中國實行經濟改革背後的理
念。中國領導人鄧小平曾說："先讓一部分人富起來。"其實，
中國需要一個優秀的群體來領導經濟發展其餘的多個方面。中

國需要多個頂尖的大學，多個高級的研究中心，多個成功的跨國企業，多個優秀的交響樂團等等，才能向前邁進，最終成為一個高度發展的國家。而這就意味着有些人必須非常富裕，當然，結果亦會是貧富差距。很多中國人都歡迎上海成功及飛快地發展（見第七章）。上海的成功不只促進其他地區發展，她亦使中國人因這個現代化的城市感到自豪；但是上海高速的發展卻增加了中國地區的貧富差距。

中國政府將西部貧窮地區的發展作為非常重要的任務，並已設立一個國家計劃來達到這個目標。中國已把重慶市列為直轄市，積極開發西部各項工程。西部的 10 個省份包括四川、貴州、雲南、西藏、山西、甘肅、青海、寧夏、內蒙及新疆（編者按：有時也將廣西和重慶計入）。政府嘗試在這地區建立高速公路、鐵路及電力廠等。其中，早在 1994 年展開的三峽工程，已於 2009 年完成，乃舉世關注的龐大工程。這是橫跨多個省份、沿着長江而建的大壩工程，目的是控制長江氾濫，為多個地區開發電力，並提供就業機會及刺激本土經濟。2003年 5 月這項工程影響到約 60 萬人重新安置，之後有半百萬人需要遷徙。據《人民日報》2004 年 5 月 23 日的報導，10 月份4 台水力發電站將啟動每小時 55 億千瓦的電力，至 2009 年將會由 26 台發電站啟動每小時 182 億千瓦。當時有些環保人士反對該項計劃，另有一些批評者說，靠近堤壩的河床預計會堆積淤泥，問題尚未解決。我曾與一些在中國及美國（包括普林斯頓大學工程學院的教授）相關的專家談過，卻均未能總結出該項龐大計劃的得失。

中國經濟體制的實力與弱點

有人可能會質疑到中國金融體制的穩健性，是否足以維持到我所預測的中國經濟繼續高速發展？西方存有一種看法，即擔心中國經濟會崩潰。很多人認為，中國經濟體制很脆弱，雖然他們過去順利地維持高增長，但相信他們未來不能持續做到。我卻認為，有些正面原因可以思考。我將對西方批評中國的一些弱點加以評論，並討論一下中國經濟機構潛在的實力。

銀行系統

首先，針對商業銀行及金融系統。現在商業銀行存在大批壞賬，大部分已由國有企業延期，而且預計難以歸還。壞賬當然對銀行造成債務問題。每間銀行都有損益表記錄業務，上面分為資產與負債。這些貸款一旦歸還，就會成為銀行未來的資產，至於負債是指銀行所欠的。對於中國銀行，負債包括中國人將存款放入交予保管，並收取利息。存款，對於存戶是資產，對銀行則是負債。如果銀行借貸出現壞賬，當存戶前來提取存款時，銀行不能將所交還存戶的計算為資產。當眾多存戶前來提取存款，銀行可能沒有足夠資產繳付時，銀行就要破產。根據中國銀行的損益表，這樣的情況很普遍。不過，中國的銀行似乎不會破產。中國的情況比較特殊，當國企無力按時還債時，原先批准其借貸的上級計劃經濟當局，可下令銀行接受國企延期歸還。有時地方銀行在政治壓力下作出借貸，例如省政府會為該省的經濟發展項目安排融資。中國銀行與西方不同，西方根據貸款人的還款能力而決定借貸，中國銀行則沒有這種批出借貸的自主權。現在他們仍然在壓力下向國有企業借貸，但也開始擁有較多權力自行作出決定。

更重要的是，中國人存錢於銀行並不擔心可能會失去。他們信任銀行，因為他們知道銀行是由國家擁有及支持的。如果某一間銀行面臨眾多存戶提取大量存款而周轉不靈時，中國人民銀行則作為中央銀行而須備有充足的款項可供存戶提取。由於中國人相信人民銀行是他們存款的後盾，他們無需因憂慮損失而提取現金。所以，內地銀行經營並沒有嚴峻的問題。

如果我們看看中國所有銀行的總存款量，我們可以發現過去二十年增加非常迅速。原因是中國人的薪資增加了，加上中國人的儲蓄能力非常強，高達 35%，而美國人只有約 5%。銀行發現存款不斷增加，而不用憂慮銀行經營問題。當然，如果中央銀行必須供應大批貨幣予公眾，價格水平可能會上升，但在中國無需擔心因此出現通脹，因為全國貨幣總供應量是少量的，通脹是由總供應量的增加決定。中央銀行只要少量貨幣就足夠解決少數銀行可能出現擠提的問題。即使中央銀行未來五年必須印製紙幣以填補壞賬，相對於中國 GDP 水平對貨幣的需求，所增加的貨幣供應仍然很小（我曾作有關簡單計算，2002，頁 229-230）。亞洲金融風暴期間（1997-1999），很多外部的觀察家預計中國會出現銀行危機，但並沒有出現，原因就是我剛才所說的。

與此同時，中國為了減少壞賬，已成立多間資產管理公司來處理，會購入這些呆壞賬，然後打折扣出售。每間資產管理公司各自負責解決四大商業銀行其中一間的壞賬。據《人民日報》2003年5月29日的報導，至2002年底，四大商業銀行的呆壞賬比率是26.12%，至2003年3月，已減少了1.99%，即減少了171億元人民幣（22.7億美元），呆壞賬問題正在逐步解決之中。另一個減少壞賬的做法是，可以想像當國有企業欠下銀行的款項但無能力或不願意歸還，政府會將持有欠債的國企的股份，以股代債還給銀行，由於這些國企股份均有價值，有的在上海、深圳上市，有的在香港或紐約上市，銀行可變賣股份，從中套現。

關於壞賬問題，中國銀行對於金融資源的配置相當任意，並沒有效益。國有商業銀行欠缺效益是由於官僚行為以及人員缺乏管理的培訓所致。這對中國過去經濟發展是一個拖累，預計未來短期內仍會持續。不過，這個問題正在緩慢地改進。中國入世後，外國商業銀行將在本世紀初帶來衝擊，將使國內金融體系於未來十年更趨完善。

國有企業

批評者經常針對中國國有企業的弱點，認為很多都是缺乏效益，經營虧損的。他們亦認為國企改組，淘汰大量工人，是失業大軍的源頭。國企缺乏效益的意思是指其耗盡大量的投入，而僅提供很少的產出。我認為，該問題未必是中國一個重要的經濟問題。首先，國企佔中國工業總產量的比重正在下降之中，至 2000 年國企只佔 28%，其餘由集體、私營及外資所佔有。所以，即使國企經濟增長小，中國亦能快速增長，因為經濟得以高速發展的主因是由非公有企業所帶動的。再者，國有企業的效益正在改良之中，儘管比非公有企業的增長為慢。

其次，政府可以駕馭國企重組所出現的失業問題。九十年代末國企改革由國家經濟貿易委員會（現在併入國家發展和改革委員會）負責。由於國有企業是由不同級別的政府控制，從國家級到省級再到城鎮級，各級經濟委員會主管當地的國企重組，利用政府財政來進行，國企改組需要繳付被遣散下崗工人原有工資的三分之一。由於政府財政有限，在一個年度改組國企的數目也受制約。所以，委員會對國企改革的速度以及控制失業的數目扮演着監察的角色，他們關注失業的問題比外國觀察者為甚。中國政府希望確實地掌握哪裏失業情況嚴重，避免失控而構成政治不穩。全國正在設立失業保險制度，作為社會保障制度的一部分（編者按：現行社會保險的主要項目包括養老保險、醫療保險、失業保險、工傷保險及生育保險）。與此同時，在市場經濟發展中不斷孕育出就業機會。作為遊客，可以在街道旁看到沿路很多攤販售賣小商品，或提供服務，例如修理單車或裁縫等，這均可舒緩失業帶來的問題。

中國於 2001 年加入世界貿易組織，要接受國際規則，並逐步地面臨西方的競爭挑戰。農業及製造業產品需要逐步降低關稅。外商能更容易進入中國市場製造及售賣。外商可以進入中國的銀行、金融、電訊及諮詢顧問服務行業。前總理朱鎔基讓中國加入世貿，好讓外商加入競爭刺激中國經濟。有些批評擔心中國企業未必能抵禦外商嚴峻的競爭。中國入世後首個十年的發展是一個有趣的故事，值得觀察。很難預知究竟中國本地企業會否及如何生存。不過，有一種情況是可以預計的。如果外資對中國造成難以承受的壓力，地方政府在審批時會拖延外國公司進入的步伐。北京作為中央政府簽署國際條約是一回事，但對條約的實施，部分則取決於地方當局，地方政府官員擁有一些權力實施條約。如果外商湧進某一行業威脅到地方公司的利益，那麼外資公司在進入市場時可能面臨困難。

中國法制的道德基礎

中國經濟體制第三個可能的弱點是法治問題。中國的法律制度較弱，至今仍未成熟。中國是一個現代化經濟發展的遲來者，而西方法律制度現代化是隨西方經濟發展結伴創造出來的。所以，與西方現代法治水平來相比，中國法律制度並不完備。

中國的法律系統有超過兩千年的歷史，於帝制期間，皇帝有權發佈一系列的法令；於中華民國期間，立法機構頒佈法律，這包含着傳統中國法律及西方法律理念兩個元素。我認為，西方法制並非可以促使經濟暢順運行的惟一機制，對西方有用的東西並不一定對中國就合適。社會及經濟行為確實需要一套遊戲規則來保持人們和諧共處。人們保持市場經濟運行，不可能沒有規則，但規則與法律不同。中國於兩千年前便有哲學家韓非子提倡厲行法治，但中國人卻選擇了孔子以道德為原則的儒家思想作為法律制度的基礎，也許，這有多方面的好處。對於規範社會及經濟秩序，要比較中國選擇道德準則與西方選擇法律原則，是一個困難的議題。而我的考慮是：

中國的道德準則是一些教導人們修身的原則，以規範個人的行為。法律則由立法者通過，他們都存在自利以及受政治壓力的影響。人們遵守法律的部分原因是由於社會存在執法機制。守法是源自外在的，多是在強迫之下。法律有時違反個人的意願，並限制了人的自由。相比較之下，主張道德原則的儒家思想並沒有建基於如立法者的自利；孔子在沒有政治壓力之下撰寫對社會和諧的原則。道德準則的實踐是在乎人的內在，只要一個人接受了這套標準，他將會自覺地遵守，而無需外在執行機制的監督，由此也節省了執法的成本。社會上不同分子跟從同一的道德準則，將可減輕衝突。儒家倫理已深入中國民間，人們相信，儒家倫理能較好地規範社會秩序，以道德處事是發自內心的自願行為，比法律制度從外在施壓人們為佳（1966 至 1976 年中國文化大革命對孔子儒家文化大肆批評，之後慢慢恢復過來，當前政府正嘗試重建文化價值）。

中國早已實行市場經濟，以宋代較為繁榮昌盛，當時在沒有現代法制之下而以道德準則經營生意，運行尚算順暢。

八十及九十年代，內地具有活力的鄉鎮企業亦部分地建基於社會規範而非側重法律規範，君子協定比法律契約更為可靠，他們無需付出高昂的訴訟費來處理糾紛。當然，這些規範鄉鎮企業的規則並非完美，但是要向他們實行西方法律，則未必可能，也很難說有效改善他們的現狀。

社會網絡：關係

在傳統的中國社會裏，經濟關係是由非正式的規則來主導人們行為的。協議的執行及糾紛的解決都是利用"關係"。關係有諸多方面，中國人要與他人建立關係，必須得到對方的信任和尊重，也要積累其誠信，並在對方的心目中建立信譽。這種關係令對方在關鍵時刻得到幫助。這解釋了為何一群中國人外出吃飯，而每人總是像打架一樣爭着付款。當一個人實際上付賬後，將累積在其他各方的賬簿裏並記下信用，當他需要別人幫忙時，這個信用可以拿出來使用。人們會記得，而無需用簿本記下。由於宴請時在座的有社會賢達，在他們的賬目裏建立一些信用是很有作用的。中國人辦好事情的途徑之一就是靠關係。在計劃經濟下中國官員可控制消費品分配，在消費品短缺的情況下，人們透過"關係"這個非正式的市場，與他人交換利益（Butterfield，1982）。如果你是鋼琴家，你可給醫生的女兒教琴，而當你生病時可到他的家裏治病，而無需到公立醫院去排隊。

在計劃經濟運作下，官員能控制物資，不只是天然資產，而且包括人力資產，即能充分利用人們的才智。在社會主義之下，政府擁有所有重要天然物資，但這是名義上的，實際上被指派去控制那些資產的人會利用職權來為自己牟取和交換利益。譬如說，一個政府司機可利用公家的車輛接載附近的朋友，以換取其需要的東西。這種非正式的貿易機制取代了市場，互相交換貨物與服務。利用"關係"是中國社會非常重要的一個方面。例如獲取某些專業服務：與醫生及鋼琴老師有關係的人，就可與他們交換物品與服務。

關係也可扮演着法制的作用。當糾紛出現，人們無需上庭，經由有關係的人疏通，可以調解紛爭。在法律制度之下，糾紛亦經常由雙方律師在庭外和解。當夫婦兩人爭執，如果他們雙方有一些"關係"的親友能夠解決，為何要請求律師呢？

對知識產權的尊重

在中美談判中，中國知識產權實施不力經常是爭論的議題。專利是現代社會的產物，它允許發明者在市場上壟斷其產品。由於專利在制度上已被廣為接納，人們對這種制度的得失已沒有太多關注。最為人們將專利法律合理化的是，要保障發明者的專利具有競爭力，才能鼓勵他努力創新並賺取更高回報。這個說法的合理性要視乎專利保護能激發多大努力去創新，與此同時，大眾須繳付更高的價錢，這又將對社會帶來多少損害？我們需要對專利制度進行成本與得益的分析才能判斷其合理性。我們曾觀察到很多數學及科學創新者似乎都努力埋首做研究，即便沒有享受專利保護的利益。一間藥劑公司在率先售賣一種藥物時，已賺得一大筆錢，但人們須考慮到對未來創新的積極性，以及消費者由於付出昂貴價格所帶來的損失，兩者如何取得平衡。再者，專利制度也可能會令他們擔心侵害現有專利權而妨礙他人創新。

　　不管專利制度是得是失，中國政府已接受它的必要性。中國對知識產權意識薄弱，除了從盜版中可牟取利益之外，部分可歸因於傳統社會並沒有專利制度。發明者及製造者對產品的保護是要保存產品製作方法的秘密。我以個人的經驗談一下中國人對知識產權所持的態度。九十年代我在內地大學授課，一年後該大學一名教授（他亦是我的好友，曾於美國作為兩個學期的訪問學人），寫信請我評論他一篇學術文章，他打算將之投向中國的學術期刊。我嚇了一跳，而且感到十分困擾，因為他的文章是我在內地授課時的筆記內容。我知道我的朋友是誠實的人，我寫信請他簡單地在文章首段注明這是我的授課筆記。他接受了我的建議並示以謝意。第二個例子是，2002 年一個訪問學人告訴我她對中國經濟的課題很有興趣，而在我所寫的教科書內並沒有該章節。我撰寫了一些筆記，並在我的班上派發，她是班中一人。兩個星期後，她寄給我一篇文章，部分段落其實是直接從我的筆記抄來的。我不再覺得驚訝，因有了先前的經驗。我只是叫她對我的筆記內容加上引號及注明出

處，她很高興地依我的意思去做。這兩件事情令我意識到中國
仍未有或尚未明白西方知識產權的觀念。兩個教授很可能這樣
想：他們注引我的筆記是表示尊重，而在文中提及我的名字只
是微不足道的東西。

中國法制及經濟體制

上述討論是藉以指出，中國有多種方法去維持社會和諧
以及確保合適的經濟行為。再者，知識產權是西方產物，而中
國尚未將之融入其思想中。中華民國於 1912 年成立之後，政
府仿效西方國家建立法律體制，但並沒有取代人們長久維繫的
道德準則及以 "關係" 辦事的方式。其實，當今政府已嘗試重
提傳統道德和倫理加強社會和諧。在中國參與全球經濟的過程
中，政府如何在與西方法制接軌的同時又提高道德規範？這是
一個很有趣的觀察角度。

自 1978 年以來，政府致力將法律體制現代化，令人印象
深刻。全國人大為了促進市場經濟的作用而頒佈一系列的法
律，例如，1995 年通過《中央銀行法》及《商業銀行法》，
是類似於美國的聯邦儲備銀行及商業銀行的做法；但人民銀
行則欠缺聯邦儲備銀行的獨立性。此外，還計劃頒佈《破產
法》，監管公司行為、外貿及投資等。中國法庭向來多受行政
干預，一直為人所詬病。近年來中國的司法系統正在擴展，北
京的最高人民法院有權給予司法解釋；人們根據行政訴訟法、

國家賠償法可以控告政府；法庭對案件也有較大決定權，包括
受理控告政府的案件。1998 年全國司法人員超過 30 萬人，包
括 13 萬法官及 17.5 萬名律師（編者按：至 2014 年，法官人
數達 19.6 萬，律師人數達 27 萬）。這些發展均顯示了中國法
律制度正朝現代化方向前進。

　　以上這些令人刮目相看的記錄，不代表我認為中國法律
制度已達到完善的地步。中國法律制度的成效，不能光以頒佈
多少法律、增加多少律師或提交多少案件，就能下判斷的。立
法本身並不足以說明社會及經濟秩序，而必須建基於人們廣泛
支持的道德準則。有些觀察者認為，全國人大頒佈太多新的法
律，法律內容尚未經過周全考慮，忽視了中國人行為建基於道
德及歷史傳統這個因素，而這是制定任何法律均必須關注的。
除了這點之外，中國法律系統的進程還有三個局限。

　　首先，法律行為不能因立法本身而改變，這是文化及社
會傳統產生的結果。人類的行為存在慣性，不容易改變。遵
守法律其實是一種習慣，需要時間培養才能形成習慣。中國人
並未習慣遇上糾紛就往法庭裁決，很多人並沒有法律意識。中
國人忽視法律，原因有二：第一，文化大革命大挫中國人之道
德準則，尊重法律只是為了生存；第二，在計劃經濟之下物資
短缺的經驗，尤其是大躍進運動的失敗，使中國人感到金錢之
重要。中國推行經濟改革之後，不少內地人只要遇上機會，就
急於賺快錢，有時甚至不惜鋌而走險，例如走私及售賣違反知
識產權的物品。二十一世紀邁進不久，有跡象顯示隨着中國愈

來愈富有，人們將變得愈來愈守法。中國政府除了對法律體制進行改革，亦提倡法律教育，促使人們的社會行為更加文明合法，政府官員就此亦應記一功。

其次，在中國社會致力於引進西方法律時，有時反而會產生反效果。中國的社會關係建立在傳統的“關係”或社會網絡上。中國人視倫理及道德價值比法律更為重要，會根據良心辦事和行動，而這都是從家庭教育及社會價值經長久積習感染得來的。從某一個程度說，中國人建基於這種已經定型的行為，一旦被法律觀念所干擾，可能會給社會帶來傷害。中國宋代大儒朱熹以及現代新儒家的倡議者，根據《朱子家訓》對家庭成員有如下教誨：“居家戒爭，訟則終凶。”因此，在法律訴訟上數目增加，並不意味着是一個更好的法律及社會制度。西方法律制度也有其限制；曾有批評說，美國有太多律師，美國經濟耗用過多資源於法律服務方面。

第三，中國是由共產黨作政治領導的，與西方國家的政治體制完全不同。共產黨強調自己是社會主義事業的領導核心，黨的領導也是社會主義法治的根本保證；同時也強調共產黨自身必須在憲法和法律範圍內活動。但由於某些官員未能很好處理黨和法、權和法的關係，從而出現以言代法、以權壓法、徇私枉法的情況。中國的司法運作和司法公正仍存在不少問題。

我於“中國經濟制度對經濟理論的挑戰”（Challenges of China's economic system for economic theory）一文中

（1997），討論了多方面問題：私營與公有的角色，正式與非正式制度，個人與集體福祉等。中國的經驗顯示，公有企業尤其是鄉鎮企業可以符合經濟效益，非正式的法律制度是履行經濟協議所必需的，而以促進集體福祉為依歸的，比以個人自利的企業，更能推動人們在行為上努力達致經濟利益。Allen，Qian and Qian（2002）發現中國是在法律及經濟學上的一個特例，他們認為西方某些法律及金融體制是提高實質經濟增長所需要的。但他們主要的論點是，當某些西方法律及經濟體制已在很多經濟實體運行良好時，他們亦不應被視為是非曲直的惟一體制，不能以為這是變幻莫測的市場經濟所必需的。中國人一般相信有很多方法可以解決同一個問題，這包括為促進經濟發展而做的社會體系規劃設計，而這也反映了中國文化的一部分。正如很多中國人均同時相信多種宗教。

正如史學家司馬遷說，市場經濟已在中國歷史上存在已久。它早於漢朝萌芽，而發展至宋朝更為繁盛。於二十世紀上半期中國為實現現代化，市場經濟亦已進入正軌。可是，於五十至七十年代，中國實施計劃經濟，使一直運作良好的市場經濟被迫中斷，及至八十年代始再次振興。中國的經濟及法律體制正相互交織，須在社會環境中切合人們的期望才能有所發展，除非在改革過程中得到政府強而有力的干預和強化，否則只有慢慢地孕育出來。由於不同國家有不同的社會環境，我們可以估計他們的市場體制是不同的。1997 至 1999 年，正當亞洲發生金融危機之際，有些西方經濟學家指出，亞洲有些經濟

體制是"虛假資本主義"（phony capitalism），這種說法不太
合適。不同形式的市場及法律體制可以適合於不同國家的需
要。亞洲經濟擁有不完備及非西式的經濟體系，但是要改變他
們為西方機制，可能也不是一個最佳的改善途徑。

總結中國的經濟體制改革與展望

總結中國經濟體制改革過程，我們要問問現在哪方面改
革成功了，哪方面還需要繼續改革，應當向什麼方向去改。
要回答這些問題，我們先回顧八十年代國家開始體制改革時提
出的一些重要問題和當時建議的解答方案，現在看來這些方案
是否正確。如果是對的，現今實行了嗎？如果是不對的，如何
可以修正？我有幸在八十年代擔任當時總理和體改委的經濟顧
問。現在把我於 1985 年 8 月 13 日書面提出的三個問題放在
本節討論。這三個問題是企業改革，銀行改革和外匯市場改
革。到了今天這些改革是否成功了？如果需要繼續改革，應當
怎樣去改，會不會成功？

第一，市場經濟與計劃經濟最大的區別在於企業是私有
或公有。私有企業的生產佔總生產的百分比有多大？私有企業
活動的範圍內，有多少是由政府控制的？中國國有企業的改革
是漸進的，不像蘇聯在 500 天內把國有企業全部出賣變為私
有。中國政府先授予公有企業部分的自主權。到了 1998 年，
用股份制度把部分公有企業變為私有。實行了"抓大放小"的

政策：大型國有企業的股份仍由政府控制，主管仍由政府委派，企業的運作和從前的國有企業沒有太大分別。現在的國營企業活動範圍還是很大。2004 年，在營額超過 500 萬元生產總值的企業中，國營與政府控制的佔有 42.4%，集體擁有的佔 5.3% ，其他的是私有。2001 年朱鎔基總理促使中國加入世貿，目的是利用外國企業的競爭，改進國營企業的營業方法，增加它們的生產效率，但是政府的既有勢力仍然很大，國營企業的改革還沒有全部成功。

中國的國有企業能與他國的企業競爭嗎？因為管理人員由政府委任，而政府根據政治因素，選出來的素質不如由市場競爭選擇的。結果國有企業盈利低，缺乏技術創新。以至中國工業技術進步慢，多數不能趕上世界水平而在國際市場上競爭。

現今中國經濟進步能夠那麼快，主要歸功於私有企業的活力。私有企業阿里巴巴的成功是一個鮮明的例子。但是成功的中國私有企業，多半採用的是現有的技術而不是由企業創新的技術。

第二，像國營企業，中國的銀行業仍然保持了計劃時代的作風，它們主要的任務是把資金貸給國營企業，只有少量貸給私有企業。所以，金融資源的分配沒有經濟效率。同時，授予地方政府控制的公有企業大量貸款，以至中國地方政府壞債積累。如果銀行是私有的，它們需要財政獨立和自負盈虧，便不會給予地方政府大量對銀行無利的貸款，引致地方政府的

壞債堆積像在過去實行計劃經濟的時代一樣，銀行的規模還是
很大，把金融資源壟斷，大量貸款給予國營企業，以至私營企
業財力不足。國營企業擁有的資源仍是太多，影響了資源的有
效利用。金融市場因為銀行制度不開放，發展很慢。但反過來
說，金融市場緩慢發展也有它的好處，或可因此減少金融市場
的不穩定。還有一點從計劃經濟時代留下的不良習慣，是銀行
的服務仍像從前的做法那樣壞，因為銀行業缺乏市場競爭。

第三，對外開放的改革大致是成功的。要增加出口，中
國產品必須在國際市場上競爭。外匯市場逐步自由化，人民幣
的匯率開始時被政府高估了，1979 年 1 美元只換得 1.9 元人
民幣。到 1996 年 1 美元換得 8.3 元人民幣，大概已經接近市
場的均衡匯率。後來中國通貨膨脹率比美國的低，人民幣匯率
則被低估了。到了 2014 年 3 月，升至 1 美元只換得 6.2 元人
民幣。匯率常有起落，表現它已達到市場均衡的匯率。

綜上所述，中國的經濟體制改革到 2010 年代是相當成功
的，但是國有企業和銀行的改革還沒有完成。它們的經濟效率
還是很低。國家既有的經濟權利與政府的制度不容易改變。恐
怕在這種環境下，公有企業與銀行需要的體制改革難以實行。

2008 年美國金融風暴發生與經濟不景。很快地延伸到歐
洲，並影響中國的出口，把中國經濟增長的速度拉低。2015
年 8 月 11 日中國政府決定降低人民幣的匯率，把 8 月 10 日 1
美元兌換 6.2101 元人民幣的匯率降到 6.3259 元。到了 8 月 13
日又降到 6.3986 元。目的是增加中國的出口。到了 2010 年

代，中國的出口是經濟發展的一個重要的推動力。

　　世界各國的經濟是相聯的。2008 年美國金融風暴與經濟不景氣影響了世界其他國家。後來中國的經濟也被削弱了。2015 年 8 月中旬，中國和美國的股票價格先後大跌數次。大家對中國經濟的前途悲觀，認為中國經濟增長速度會降低。我們需要瞭解的是一個成熟的市場經濟常會發生波動，而且國家總生產降低以後何時復蘇是經濟學界不能預測的。關於中國經濟的長期發展，因為中國具有本章前面所說的三個經濟發展的重要因素，中國到 2020 年代的經濟發展，雖然會比從前慢一些，但還是會繼續下去。

肆

THE CHINESE
PEOPLE

中國人及中國人口問題

　　本章我主要提問：誰是中國人？中國是否太多人？

　　我所指的中國人是指全球的華人，而並非只說中國大陸的中國公民。他們的性格是怎樣的呢？由於第二章已談論到他們文化上的特性，這一章我會側重於他們的性格是如何形成的。至於第二個問題，我的答案是否定的。中國並沒有因人口問題而需要嚴格的生育控制。中國的人口問題相當富有爭議，但我希望合理論述，而且令讀者感到有趣。

中國大陸的中國人

　　中國內地共有 56 個民族，其中，五個主要民族是：漢、滿、蒙、回、藏。回族的特色不只是一個少數民族，而且是一個宗教性的族群，而漢族人在回族地區亦信奉伊斯蘭教。漢族是最大的民族，約佔全國人口的 92%。源於東北的滿族在清朝時管治中國，直至 1911 年滿清皇朝被推翻，滿族融入中國社會。其實，外族融入漢族文化可追溯至元朝，當時北方的蒙古人統治中國並薰染了漢族文化，而漢族人亦受蒙古文化所影響。那些具有回教背景的人很早已被漢族社會同化，成為了華人大家族的一員。我兒時即三十及四十年代在中國華南地區上課時，每班 25 個同學中總有一兩名回族的，而我們也沒有特別地對待他們。2003 年 1 月，我在香港城市大學教授數量經濟學時，與他們討論 1988 年不同因素如何影響工人的工資。當時我向同學們提出我的研究成果（Chow，2002，頁

211），中國少數民族（非漢族）的工資於 1988 年較漢族低了 4.45%，這是建基於教育、經驗、性別及中共黨員身份的影響作用而計算出來的。

正當我評論有關少數民族獲得工資的影響因素時，我向課上 19 名學生發問有沒有是少數民族的同學，一名女生表示她是回族，但並沒有經歷很正式的宗教生活。從我的中國朋友觀察所得，回族人民已融入在中國的社會裏。雖然如此，那些住在西北的回族人民在自治區內佔大多數，而且不一定同意中央政府的某些政策。至於西南方的西藏，那些土生土長的人民由於傳統上篤誠於信奉佛教，他們與其他中國地區並沒有完全地聯繫着，也沒有被遷入西藏的漢族人所薰陶而融入漢族文化。為了發展西藏，中國政府已耗資不菲，並派遣幹部人才到那裏，但是中央政府的政策並沒有很全面地落實到土生土長的西藏人身上。我曾看過美國傳媒有關於西藏宗教自由被鎮壓的報導，但從沒有經全面調查而提供的可靠評論。

除了這五個主要民族外，中國還有 51 個被承認的少數民族，他們都有自己的習俗，有自己的語言。他們大部分聚居於西南部的雲南省，不少都有自己的生活方式，聚居於某個山區小地方，與世隔絕。他們並未考慮到與外界融合在一起的必要性，儘管經濟全球化亦將影響到他們。中國也有外來入境者，包括猶太人。來華猶太人在數目上並不多，主要集中於幾個地方，尤其是河南省開封市。世界其他地方的很多猶太人都對在華的猶太人感興趣，從美國猶太人的角度看，在開封市及中國其他地方的猶太人，其所說、所吃及生活方式已與一般中國人無異。

少數民族的多元化與地區偏見

中國是一個結合着不同文化及少數民族群體的大熔爐。各族群之間相互觀摩學習，並衍生了中國的文化。從多方面來看，包括從普通話的運用上，中國廣大人民之間能夠以此溝通及明白，可見族群之間是整合的，但是整合的程度仍未完整。比如，從我剛才所談論到的研究報告（Chow，2002，頁211）中顯示，在其他因素不變的情況下，1988年一名在城市工作的少數民族工人的薪酬比漢族人少4.5%，反映中國少數民族工人的待遇相較受限。然而，也可從正面角度看，各民族均和平地生活，而且都自視為中國人，並以中國人為榮。

某種程度上，地區性偏見仍頗為普遍，即使漢族人居住於不同地區也是如此。這裏的“地區性”主要是指人們說不同的方言，吃不同的食物，以及不同的社會風俗。我在中國南端的廣東省長大，當地人向來對非廣東人具有某種偏見，叫他們“北方佬”。1949年後，不少上海人遷來香港，港人向來自上海的消費者收取較高的費用，令其受到欺壓和歧視。儘管如此，上海人成功地在香港建立紡織、工業、銀行及教育機構，在創造香港繁榮的景象上該記上一功，他們通過自我奮鬥取得更高的社會地位。在中國，不同族群高度融合，但也與歧視並存。

女性的地位

關於歧視的另一個觀察點，是內地婦女相對的社會地位。依照儒家思想，婦女應依從丈夫，正如中國一則諺語說："女子無才便是德。"這話隱含着的意思是：沒有才幹的婦女由於沒有獨立能力，就會好好地依從她的丈夫。女性以前沒有投票權。美國及西方一些國家均存在歧視女性的情況；其中一個反對女性持投票權的論據，是她們的投票會導致家庭爭吵。這些過時的思想已與現代生活脫節。

中國女性的地位已隨着內地現代化而大為改進。三十及四十年代的孩童在學校裏要學習男女平等，老師教導孩子"女子無才便是德"是落後的思想。當時父母們讓孩子上學，男孩子比女孩子多。中華人民共和國成立後，女性的地位隨着經濟發展而逐步改善。毛澤東強調女性的平等地位，其名言是："女子能頂半邊天。"較高比例的女性參與城市勞動工作，提高了城市的勞動參與率（受聘人士佔整體人口的比率），由1957年的32.2%增加至1978年的55.2%（參看1999年《中國統計年鑒》，表 4-1 有關城市人口資料及表 5-4 有關受聘人口數目）。政府已嘗試提高識字率，但婦女文盲的比例仍然比男性高。據1997年《中國統計年鑒》（頁 76-79），1996年人口 15 歲或以上，17.82% 是文盲或半文盲，10.12% 是男性，25.52% 是女性。男女的受教育程度均有差異。

另一個關於婦女被歧視的情況，是比較男女在同等條件

（包括教育程度、經驗、作為中共黨員或少數民族等）之下，女性工資與男性相差多少。根據我的研究（Chow，2002，頁211），在上述條件相同的情況下，1998年農村婦女的工資低於男性7.48%，城市婦女的工資低於男性9.02%。由此可以假設，僱主需要一個員工去進行同一項工作，聘請男士要多花8-9%的工資。中國在市場經濟發展中，投資者對於成本的計算，也會考慮到男女工資的差異，在講求競爭之下，不是考慮歧視問題，而是成本效益問題。而事實上，1986至1992年兩性工資的差距得以縮窄（Au，2000，頁56-57）。

關於中國內地，要談的實在太多。上文已論述過少數民族和地方多元化，整合程度，以及婦女的地位。於第一、二及三章，當我談到中國歷史、文化、日常生活及經濟時，也涉及到不少中國人的特性。我還談到中國的歷史傳統對中國人所產生的影響，它也豐富了當今中國人的日常生活，並促使中國經濟發展得更快。

文化大革命的負面影響

讓我們轉過來看看中國一些負面的情況。我認為中國人經歷文化大革命（1966-1976）以及1978年以前的計劃經濟時期，構成了中國人行為上不光彩的一面。文化大革命也許是中國逾四千年歷史文明中最黑暗的時期，這是一場社會大動盪。孩子以"革命"之名，子女折磨父母，學生鬥垮老師。城裏的知識分子被遣到鄉下，過着與農民一樣的生活。不光是知識分子生活難堪，連接待他們的農民也要受苦，原因是知識分子對務農工作不熟悉，生產能力欠佳，吃住都要依賴接待其的農民，因而造成了對農村家庭的經濟負擔。文化大革命期間人們孕育出求生本能；在計劃經濟年代由於物資匱乏，也導致一些中國人行止不軌，他們學會如何 "打倒制度" 以求生存。中國人長久的文化傳統教導世人修身的道德行為，但經文化大革命一役，已使一些中國人的行為蒙上負面的色彩。

　　以下是中國人 "打倒制度" 的一些例子。"文革" 過後不久，早於 1980 年初就已有中國人到美國普林斯頓大學留學。校內曾有報告指稱，一些中國學生使用學校的電話系統時，曾破解密碼以便免費打長途到中國。有些竟然製造假文件，例如學科成績及中國名校的推薦信，以成功得到普林斯頓大學的錄取。又有些申報的是研究科學，因為普林斯頓大學設有一些課程專門支持中國學生在物理、生物及統計等領域的研究；但是，當他們離開中國時已企圖藉此而轉往經濟、企管等將來更好賺錢的學科。他們申報這些指定的科學學科，只是作為墊腳石，然後跳往其他學科，而且不覺得不道德。作為美國學者，我們鼓勵學生去轉學科以契合他們最有興趣的學科；但是，中國學生卻刻意利用一科的入學機會，然後轉往另一學科，這完全是另一回事。一間頂級的大學曾開辦一個課程來培訓中國的統計人才，數年後，所有入讀該學科的中國學生全部轉往其他學科，令該項目的主管老師非常失望。當有關的研究經費用完，多年後他都不再收取來自中國的博士生。

　　從 1989 年 6 月 4 日中國發生的天安門事件中，可以看到中國人的許多劣行。該年 8 月我於校內與一班約十個學生一起吃晚飯，慶祝一名經濟學博士生完成論文答辯。當討論到天安門事件時，一名學生提議說，應每隔一兩個月發出謠傳指有日本人在中國被殺害的消息，使中國政府在外交上犯難。而有一名在哈佛大學就讀的中國學生則確實傳出了總理李鵬被槍殺的消息，及後被發現是錯誤的傳言。

　　同樣地，或更糟糕的是，此類不軌行為在天安門民運學生領袖中也有發現。一位知名的學運領袖被發現是一名花花公子。他從中國飛赴美國，利用促進中國民運的款項購買名貴服飾，在美國泡女人大灑金錢。另一知名的領袖後來承認，她在天安門廣場拿着擴音器宣佈很多學生被坦克碾過，其實是一個謊言。她認為，促進民主運動是有必要流血的。也許，不誠實地宣佈流血是激發流血的一種途徑。她要指涉的是流他人的血，而她自己則成功地逃離中國，並轉來美國。

　　我自己也曾被那些不實的消息所愚弄了。一個香港朋友給過我一盒錄影帶，錄製了電視報導有關天安門事件期間北京出現的各種場面。當我花了多個鐘頭把錄影帶看完後，我肯定天安門廣場是有學生被殺。我於 1989 年 8 月與時任中共中央總書記江澤民見面時談到這件事，他要求我找出證據來。我回家把錄影帶再翻看一遍，發現只能聽到報導員說有學生於廣場上被殺害，但是並沒有圖片可以證明。市民從電視中可看到長安街沿路市民、學生及軍人有死傷情況，也有北京市民在擋坦克阻止進入天安門廣場，並與軍隊發生爭執，但是關於廣場上有學生被坦克殺害的消息只是報導出來，而沒有畫面可看。一則來自 PBS（Public Broadcasting Service）的記錄片顯示坦克慢慢地推進，有意把學生驅散，學生也就相應地從天安門廣場撤離。

經濟權力的濫用

我和在美國遇到的中國人談過，美國及其他外國投資者在中國均能聽到不少關於中國官員試圖向他們榨取利益及金錢的故事。在北京，一項協議的簽署需要很多政府部門的首肯，官員如此便可在投資計劃各環節中各自取得一塊肥肉。投資協

作者（左）是天安門事件發生後首位訪問中國的美國人士。

議很難取得成果，原因是當投資者以為協議已經達成，他又會發現中方會有其他更多的要求。我以前談論過外來投資者在中國面對的機會與困難（Chow，2002，第 18.5 段），這裏我將討論中國人向外資榨取更多利益的行為，是受到"生存所需"的影響，而這正是從"文革"及計劃經濟時期中學會的。

在第六章關於中國政府的論述中，將會談到貪污問題。在那裏我會討論經濟的誘惑如何導致中國官員貪污，要是說他們的行為是由外來環境所引致的，那這說法則較無新意，計劃經濟體制本身已導致了中國官員能完全利用其資源而作出相應的行為。在計劃經濟體制之下，中國大部分經濟資產是由政府擁有及控制，私人財產是不容許有的。即便如此，所有國家資產必須由人來管理，因此政府必須指派一些官員以社會的名義來控制和利用這些資產。可現實中，管理政府資產的官員卻利用權力來為私人圖利。貪污只是其中一個例子，當官員控制一些資產或是擁有一些權力，那麼他們就能加以利用，向希望利用資產的人賺取金錢和利益。一個服務於政府機關的司機可擁有車輛，將可利用該汽車作為私人用途，其他有意使用該車的人需要向其請求，因為市面上並沒有汽車可以使用。

在計劃經濟體制下，所有資產是由公家控制的，市場上並沒有消費品可購用。基於這種情況，會出現兩個現象：首先，內地人在找尋一些重要的消費品時需要向在位的人求取方便，失落感不期而然產生，中國人稱此為"人情債"。因此，當他人需要貨物及服務時會盡量幫忙，以作回報，心中的鬱結亦得以舒緩。由於物資由某些人控制,其他人對此有需要時,一般並沒有得到友善對待。人們到國家機關辦事或到國有商店購物,最容易體驗到內地低劣的服務態度。其次,內地以物易物的情況較為廣泛。舉例來說,一個影院人員負責售賣平價戲票,但由於數目稀少,可以此罕有的平價戲票與政府百貨公司換取鮮有的消費品,這也是"關係"所產生的現象,於第三章已有所提及。由於市場經濟的出現,中國人的服務質量已逐步改善,人們之間也更趨友善。現在,人們使用金錢可以購得消費品及享受服務,而較少人能擁有壟斷特權。

我已揭露了一些中國人的劣行,當然也應轉到正面的角度去談談。我對於留學美國的中學生比較熟悉,每談到他們一個劣行,卻也能說出其至少 50 件的好事。很多美國教授深為內地學生所感動,並引以自豪。事實上,不少中國學生在不同領域中表現出色,而且具備較高道德水平。大部分人畢業後能在美國或中國找得優厚的工作,或是在其行業及職業上取得卓越成就。對於西方投資者來說,雖然要應付中國官僚,但在中國仍有充分的美好條件足以令他們回來繼續投資;在 1998 至 2002 年,西方資金的投入每年都有超過 10% 的增長。

中國大陸以外的中國人

中國人遍佈世界五大洲的各個角落。大部分海外的華人在適應當地環境時,也不同程度地保留着中國的文化傳統。他們不少人仍感覺自己是中國人，想念故鄉家國；不過，當中華人民共和國成立後實施門戶關閉政策，在政治上不斷鬥爭，又實施計劃經濟體制，令海外華人深感不滿，並使對中國人的身份認同感下降。對中國人來說，對家鄉觀念非常重視。中國人每每談到他們的“籍貫”，並不意味着個人的出生地，也不必指涉是其父親、祖父或曾祖父的出生及生活地方，而是說他們祖先的來源地。我家祖輩早年在江西省生活，後南遷到廣東省開枝散葉，至今已經歷六代，我父親卻告訴我：我的籍貫是江西省某個鎮，而我就視自己為江西人。也許，很多海外華人的內心深處均存有屬於中國某個鄉鎮的想法。近年，我聽聞在美華人的第二、三代紛紛回國尋根。

在世界各地的華人，無論屬於哪個國籍，均強調堅持學習中國的語言。有些還能讀、能寫，比如在新加坡的華人就非常重視中文；有些則實踐着中國古老的習俗及生活方式，相比現在生活方式急速變化的中國大陸人，活得更富有中國傳統特色。很自然地，境外華人也會適應當地的生活方式，我接着將討論的是在香港、美國及台灣居住的中國人。

在香港的中國人

三十年代香港整個人口差不多都是來自與其接壤的廣東省，當時內地戰爭紛亂，人們選擇前來香港這個英國殖民地定居。作為宗主國的英國在香港引入了西方的市場經濟體制及現代的法律制度。當時香港只有 60 萬人口，與廣東省省會的廣州市相距甚遠，人們在香港可以自出自入，完全自由，但並沒有大批內地人遷徙香港，原因是其時中國仍是實施市場經濟，在廣東省及其他地方生活亦不俗。當然，人們遷移的地點不會只取決於經濟機會這一因素。但是，1949 年中華人民共和國成立，經濟機會卻截然不同，導致了大批移民來港。

英國政府的管治為在香港的中國人提供了很好的經濟機會，值得記下一功。這個說法應無需具體地作出比較，香港的市場經濟制度比三十年代的廣州應相對大為優越。在英國殖民統治之下，香港人看來已發展了自己的特殊個性。他們守法，懂得經商及賺錢，但個人較少在知識上有所追求，而且並不關心及參與政治活動。部分特性隨着香港主權回歸而轉變。2003 年 7 月 1 日香港回歸六週年之際，香港出現 50 萬人大遊行的場面，這個經濟城市顯得不再對政治保持沉默。

英國在香港建立了一套運作良好的法治系統，並培養出港人尊重法律的觀念。總的說來，香港人是非常守法的。值得一提的是，香港於 1974 年建立了一個重要的機構“廉政公署”，以肅清當時的貪污問題，至今對防止官員貪污仍然扮演重要的角色。香港市民認為貪污是非常嚴重的問題，而且知道存在此獨立機關來應對。六十年代政府官員貪污的情況頗為猖獗。我記得有一次到訪香港探望家人，並陪同我擔任建築師的弟弟到一間金舖購買一件昂貴的金飾，準備作為禮物送給英國政府專責批核其屋宇項目的官員。這種行賄方式在當時是頗為普遍的，以求官員辦好事情。香港市民要求政府建立一個委員會來制止貪污，違者將被公佈並受到嚴重的懲罰。貪污確實得到控制。也許，香港肅清貪污的經驗是很具有參考價值的，而內地政府卻很難仿效，原因是香港公務員的工資優厚，能減少貪污的誘因。

香港人非常懂得賺錢。工人敬業樂業，企業家精明能幹，他們工作勤快，辦事很有效率，不會浪費時間或放過任何賺錢機會。早於五十年代，香港經濟活動主要是商業及金融建設方面。由於當時大量上海人南遷香港，工業發展才開始擴大。上海人移民來港提升了香港人力資源的素質。自五十年代開始，香港變得無論在商業、金融及工業等方面，都表現卓越。由於內地人於六十年代多次湧入香港而造成對房屋的需求殷切，港商因此亦取得對物業建築的經驗。1978年中國政府實施改革開放，港人到內地從事工商及建築方面的投資，分享他們在金融及人力資源的經驗。

香港作為一個商業發達城市，有其獨特的商業文化。香港的教授已觀察到，香港的大學生並沒有如同來港就讀的內地生或內地的大學生那般對學問有所追求。在香港的大學生中，有一大部分並不真正關心學習上要求取知識，他們更感興趣學習那些被視為有利於賺快錢的科目。較多是想取得學位後作為賺錢的途徑。一般來說，香港人對金錢的重視程度比其他地方的人為甚。一個人的社會地位差不多是以其整體財富來決定的。如果一個人擁有2億美元價值的資產，他將會被視為比擁有1.5億美元的為佳。社會分層以財富數目來劃分。如果一個人與另一個擁有比他財富多一倍的人相處，前者傾向於聽從較富有的一個。這種說法顯得有點誇張，這裏只是希望藉此顯示出商業文化的意思。這種文化已有較多轉變，由於香港實行港人治港，社會地位也包括在政府處於多高的位置及其政治聯繫。

在殖民統治之下，香港人並沒有積極地參政議政，被視為對政治冷感的經濟動物，香港並沒有一個民主的政府。港督是由英國委任。隨着 1997 年香港主權回歸中國，香港人仍然缺乏治港的經驗。以往港人只專注賺錢，較少關注英國政府的管治。在北京“一國兩制”的構想之下，香港是由港人治港。何謂港人？依法律規定，在香港住滿七年就成為了香港人。北京政府不能夠也將不會派遣外來者管治香港這個特區。1997 年之前，港府提升一些公務員到政府首長級別，這相當於內閣成員的職位，而且向來只由英國人擔任，後來改為由港人履新，目的是期望政權能順利過渡。只有少數華人公務員較快掌握及承擔責任，其他仍學得較慢，而且只是善於執行英國的命令而不是作出決策。這些由港人擔任的首長級公務員，於1997 年被北京重新委任組成新政府。1997 年 7 月 1 日香港主權回歸中國，很不幸的是，數月後發生了亞洲金融風暴，持續至 1999 年。由董建華牽頭的新政府未能制定出有效的經濟政策，香港經濟陷入衰退，至 2003 年 8 月失業增至 8.7%，乃當時歷史性高點。相反地，內地及台灣的經濟卻實質性地增長。

2003 年春天，根據民意測驗，香港人對特區政府表現不滿，原因可能在於下列政策，如回歸後港府宣佈每年增加公營房屋數目至 85,000 個，以遏止香港私營樓宇價格繼續上升；此外，聯同其他房屋政策的推出，促使樓價大幅下調。從 1997 至 2003 年跌幅高達 68%，而香港一般樓宇按揭只做七成，出現樓宇價值比所做按揭要低，逾八萬個家庭陷入負資產。此外，港府實行母語教育政策，強令英語學校改為中文教學，家長不滿被剝奪選擇某種學校的權利。原先運作良好的以英語和中文教學的兩套小學教育體制受到破壞，香港高水平的英語能力大為下降。政府還打算將香港大力發展成科學及高科技工業的大型中心，可是各項條件尚未能配套完備，導致這些大規模計劃要放棄或延期。港府還嘗試對香港八間大學採取合併措施，諸如考慮將香港中文大學與香港科技大學合二為一，但均遭教育學者強烈反對。

其實，香港於 1997 後實行 "港人治港"，在尚未取得充分經驗之下，港府無需急於嘗試新的但尚未充分論證的理念，最好是儘量跟隨及維持原有制度不變。上述所列舉的政策失誤，均是偏離於原有制度。香港各項制度於 1997 年運作良好；可是，有一點需要留意，最後一任港督彭定康把帶有民主成分的機制引入各級議會，減低了政府的行政權力，對管治香港有利有弊。新的特區政府管治香港要面臨愈來愈多的難題。較多的民主可以是一件好事，但英國政府其實沒有必要處理有關的問題。從正面看，對香港引入民主的政治機制將有利於促進內地政治機制走向民主的進程。

香港人究竟是否視自己為中國人呢？1997 年之前，一些香港人並不視自己為中國人，他們稱自己為"香港人"，很多都擔心香港主權的轉移將會失掉原來的生活方式。數以千計有條件的港人移民到加拿大。1997 年後，香港的政治變化比很多人預期的好，大批港人從加拿大回流到香港。一些在港英統治之下生活的港人對自己的身份開始有所轉變，認同自己是中國人。現在大多數香港人已接受香港是中國一部分這個事實，也願意自稱為中國人。

在美國的中國人

中國人曾有多次移民美國的浪潮。第二次世界大戰之前，已有中國人湧至美國定居，儘管美國在二十世紀前期收緊了對中國的移民政策。早於十九世紀後期，就有中國工人到美國西岸協助興建鐵路。這些貧窮的中國人面對惡劣的中國經濟環境，傾向於留在美國。早期的中國移民在美國當工人，部分則轉行開設洗衣店，成功的再轉往其他行業。大部分都是住在大城市的唐人街。第二次世界大戰之後，一批中國留學生包括我本人來到美國學習，但選擇不回國，原因是對共產政權感到擔憂。之後，只有台灣及香港學生赴美深造，分別於五十及七十年代前來。來自香港的學生數目較少，且當中的大多人學成後返回香港；至於台灣學生，則是較多繼續留在美國，但近年卻傾向於返回台灣；最後一批來美的，是於 1979 年中國實施改革開放之後，現不少仍然留在美國。

中國移民在二戰之前，二戰至七十年代，以及 1979 年之後這幾個時期前來美國，由於不同的背景，不同的時代，各自具有不同的中國文化特色；但他們來到美國定居之後，均需要面對現實而作出調整，以適應美國的生活方式。我不是只說來到美國的第一代，第二及第三代與其父母及祖父母的關係也產生了變化。讓我們看看第一或第二代移民美國的中國父母，他們與子女的關係是怎樣的？孩子在幼兒園很容易學到英文，回家後家長則教他們中國的家鄉話。當孩子稍為成長，父母則嘗試教他們在中國家庭是怎樣當好孩子，那是需要謙卑、不要自我炫耀，要聽從老師教誨，少提出挑戰性問題，必須有紀律，行為不要太放縱之類。孩子很快便發現，他在同班同學中受教非常不同；由於在美國社會中顯得文化距離甚遠，回到家裏與長輩的文化差異隨之加深。孩子很快發現他與美國小孩不同，而且有時會被同學取笑。他會問自己："我是一個中國人還是美國人？"他不是一個地道的美國人，除了外表是黑頭髮黃皮膚之外，父母在很多方面也不同。他不能自稱是美國人，因為父母無論從外表、行為及思想都不像美國人。他不會自稱是一個真正的中國人，如果是的話，他會害怕其他同學將不接納他是班中一分子，因而受到孤立，像個外星人。這個身份認同的問題困擾着很多美國籍的中國年輕人。

　　我是在中國長大的，從沒有經歷身份認同的問題。我經過很長時間，直到我第一個孩子讀大學，才意識到這個問題在美國的華人圈中普遍存在，也許在美的亞洲人均面臨此共同問題。我在中國成長時並沒有面對如上所述的情景。我作為留學生初臨美國，由於不能操持流利英語以及不太清楚美國的習慣，而感到有點不自在。我記起一件小事：一個來自二戰退伍軍人家庭的同學問我可否替他當保姆，我很高興伸出援手，當嬰兒熟睡之際，我則利用好時間看書。當他父母回家，我的同學嘗試給我金錢作為服務酬勞，但被我斷然拒絕了。我們為此爭辯了一番，因為作為中國人是不會在這種情況下接受友人付款的。我的兒子並沒有告訴我們有關他身份認同的問題，或者，他可能曾向我們暗示，但我們並沒有在意。

無論是否面對身份認同的問題，第二、三代美籍華人現也正快活地過日子。可以預計的是，很多具有歐洲及中國背景的美國人子女，在校內面對着激烈的競爭。中國父母要求子女在學業上用功，有的不光在校內而且在全國數學及科學比賽中奪取輝煌成績。直至今時今日，有些美籍華人仍依從傳統鼓勵他們的子女在社會上要出人頭地，並透過學習某些學科提高他們的社會及經濟地位。在普林斯頓大學，美籍華人學生告訴我，父母希望他們學習醫學、科學或工程，不要選擇歷史或文學，以期將來從事高層的職業，過上美好的日子。我則堅持向父母勸說，無論子女選擇哪個學科，美國人都可快樂地賺錢過活，最重要的是學生能選擇他最愛的學科，他就會全力以赴，發揮潛能。

美籍華人對美國人的生活貢獻良多，在這裏我不打算多說，但會談談他們對中國的貢獻。尤如在香港及海外的中國人，他們對中國內地的現代化和經濟發展作出大量貢獻。很多人都覺得中國是他們的祖國，儘管他們是百分百的美國人。中國人，兼容性多於排他性。一個中國人可以是佛教徒，也會同時奉行儒家禮教。他可以是美國人但仍心懷中國傳統，對中國有感情。正如香港人及海外其他華人，美籍華人對內地經濟發展貢獻良多，無論在資金援助或是人力資源上均予以支持。美籍華人科學家、教育家、企業家及各界專業人士均為中國提供諮詢、教授、顧問服務，並與他們的中國夥伴及政府共同發展大規模的合作計劃。

在台灣的中國人

大部分台灣人都是從大陸移民過去的。台灣與中國的福建省遙遙相對，台灣人說的閩南話是中國福建省的地區方言，台灣人的祖先從福建移民到台灣這座小島。他們與內地人一樣以中文書寫，承傳着深厚的中國文化。他們視自己為中國人嗎？很多都會，但有些不會。而那些視自己是中國人的，不一定都視自己為中華人民共和國的公民，至少現在不是如此。

從歷史中得知，中國於 1895 年中日戰爭失敗之後將台灣割讓予日本。至 1945 年第二次世界大戰結束，台灣人才得以歡迎這座小島重返母體，交還中國統治。當時，由總統蔣介石領導的政府做了不少背棄人民意願的事，而自六十至八十年代，台灣才在政府的管治下，經歷快速的經濟增長。但無論如何，很多在台灣出生的人們仍對蔣政權不滿，原因是其早期對台灣土著的迫害，在政府中又限制本土人參與。在大陸的中華人民共和國政府自建國後多次進行政治鬥爭，經濟表現較差，直至八十年代，尚未能贏得台灣人任何情感或是歸屬感。由於這些歷史因素，很多台灣人並不感到他們是中國的一部分，至少並不是中華人民共和國的一部分。而有些台灣人，尤其是從大陸遷來的蔣氏家族，認同其中國人身份，願意與中華人民共和國保持密切的政治聯繫。有些本土台灣人，包括台塑大王王永慶，願意響應大陸政府"一個中國"的原則，就政治統一的議題保持對話。

不管兩岸的政治發展進程如何，經濟合作已進行得如火如荼。長期以來，台灣是大陸第三大的境外投資者，僅次於香港及日本；直至 1998 年才由美國取代台灣成為第三大投資者的地位。兩岸政府不時因政治主權問題發生爭議，但兩岸人民之間是非常友好的。很多台灣人在中國大陸有第二個家，估計有 20 萬台灣人於上海定居。對於有批評指中國沒有足夠人權及個人自由的，那麼從台灣人移往上海定居的情況，可能有助於回應和釋疑。

至於持續的經濟合作是否將會促成某一種政治融合呢？截至 2003 年 6 月，兩岸非官方對談仍未恢復。1999 年 3 月，時任台灣地區領導人的李登輝宣佈談判是在"國與國"之間的基礎下進行的。中華人民共和國政府視台灣是中國的一個省，因而兩岸不能在"國與國"之間的基礎下談判。2003 年 6 月，中華人民共和國政府堅持台灣政府必須在接受只有一個中國的前提下，才能恢復正式談判，但台灣政府並不願意。

　　從長遠來說，介乎 10 至 15 年之間，很多觀察家相信兩岸會繼續維持現狀，而台灣將繼續在政治上以"中華民國"為正統。我相信，政治融合只會在台灣人民願意的情況下才能出現。在這裏，我假設中華人民共和國不會利用武力來達到政治融合。利用武力統一台灣是不大可能的。首先，中華人民共和國認為這個代價太大，而且風險高，儘管中國大陸尚未排除武力解決統一台灣的問題，以免削弱討價還價的能力；第二，中國政府當前的最大任務是將中國現代化，而且對於是否用武會考慮國際間的反應；第三，台灣政府擁有相當具規模的航空及海軍實力作自衛；第四，北京一旦動武，美國將作出干預。讀者可就此問題自行判斷。有些觀察家則認為中國政府是非理性的，而且行事輕率，所以台灣問題可以說是一觸即發的。

　　除了動武之外，統一的唯一途徑是依賴台灣人民及政府同意與大陸達成一致。我想不出任何統一的方式可以令台灣政府願意放棄維持現狀。以什麼形式的政治融合可以令台灣人民及政府受益呢？任何預測未來 15 年兩岸能否達成政治融合的，必須先回答此問題。更緊密的經濟融合並非是一個答案。歐洲各國結成歐盟是一個經濟融合，美國及加拿大結成北美自由貿易區也是經濟融合，但這些國家的參與並非在政治上融合，每個國家都保存了其政治特色。很多台灣人都認同他們的政治模式。無論如何，兩岸政治融合是存在可能性的，比如當中國有一天非常富裕、政府廣受人民愛戴，而且達至國際社會

上的一個極高地位，令台灣人感到作為中華人民共和國公民是
非常自豪的。但是，這種日子看來不會在未來 15 年到來。

中國人口問題

在從中國的角度談論其龐大的人口之前，先讓我談談這
巨大的人口會否造成世界糧食短缺的問題。詳細談論這個問題
價值不大，因為很容易就可以說明瞭解。中國人的糧食主要是
自給自足，粗略地計算，食品的入口及出口是收支平衡的。即
使中國是一個糧食淨入口國，全球整體亦不會發生糧荒。雖然
上世紀全球人口增加，但由於科技改良，農業投資增加，整體
上糧食人均供給是增加的，預計未來也是如此，只要我們現在
有意識到且充分地保護環境和地球生態。在全球經濟專門化的
趨勢之下，有些國家如日本是食品入口國，而其他是出口國。
經濟發展的歷史趨勢告訴我們，只要全球的糧食總體供應充
裕，任何國家能夠支付便可以在國際市場購入食品。以中國目
前的人均收入來說，是非常足夠的。糧食短缺的問題如果存
在，是由於國家的人民貧窮，而非因全球糧食供應總量不足。
中國持續改善經濟，將會使其他國家受惠，不光是因為中國政
府將着力於對外援助政策，而且也由於別國將更致力於將產品
出口到中國市場。

中國人口於 2003 年已逾 13 億，是全球人口最多的國
家。印度是人口第二多的國家，有逾 10 億人口。美國有 2.8

億人，約中國的五分之一。中國擁有這麼巨大的人口數目，是隱患還是潛能呢？

中國政府視這麼大的人口為一個問題

人們普遍認為中國擁有太多人口，而且已成為了國家的負擔。這個看法與中國政府於 1971 年實行家庭生育計劃同出一轍。政策鼓勵年輕人年齡大一點再結婚，生育子女之間的年期相距遠一些，每個家庭的孩子數目少一些。這些措施相對於 1980 年推出"一對夫婦只生一個孩子"的政策更為溫和。當獨生子女的政策實施時，政府出動傳媒大肆宣傳計劃生育，人們學習家庭計劃，並鼓勵控制生育。良好的家庭計劃將獲得經濟回報，那些沒有跟隨計劃生育的家庭則遭受經濟懲罰。中國報章媒體報導在農村地區有女嬰被溺斃的消息，而且在有些公社男性出生比率達 56-63%，較女性為高，這相對其他國家則顯得不正常。（Chow，2002，頁 187-188）中國傳統偏愛男孩，再加上獨生子女政策，導致時有殺嬰的事件發生。1980 年末期，計劃生育的政策稍為放寬，因農村家庭重男輕女，如果首個孩子是女嬰的話，容許生第二個孩子，而該政策沿用至今。

1971 年之前中國並沒有家庭計劃政策。五十年代末期毛澤東曾說："人多好辦事。"毛澤東說該話有其理據，但與我所想的截然不同。不過儘管如此，我依然同意他的說法，原因如下述。

中國多少人口才算作太多？

認為中國人口太多的，所考慮的有哪些可能性呢？其中一個可能的原因，是中國人口相對土地面積的密度太高。可是以此計算，中國大陸人口的稠密程度並不如日本、台灣地區以及大多數歐洲國家。這些國家和地區看來並沒有存在人口問題。也許，另一可能原因是：按中國人口佔每平方公里可耕種農地計算。中國於 1980 年實施獨生子女政策時，中國大陸人均可耕種農地是 0.27 畝，而台灣地區則是 0.12 畝，儘管台灣的氣候及土壤條件較佳。很多地方的人口密度較中國為高，例如我的家鄉新澤西州，卻沒有被視為人口過多。為什麼我們認為中國人口太多呢？還有一個可能性是中國貧窮，以人均收入計算的確比新澤西州的人們貧窮得多。

中國人口減少是否可變得富裕一些？

答案是否定的，且看以下的分析。乍一看，好像人口少一些，每個家庭將可分享多些食物。試想，一個中國家庭有兩個孩子，他們由父母二人各自 400 元的月薪供養（編者按：上述月薪以九十年代情況計，現在已發生了很大變化）。假如該家庭減少了一個孩子，人們一時之間會以為生活大為改善，因為人均收入由 200 元增加至 267 元（800 元除以 3）。但是必須注意這並非一個真正的生活改善，原因有二：首先，從人均收入看是比以前充裕，但未來父母年老，將由一個孩子供養二老，假如多一個孩子的話，則可以提供較多資產養活二老，生活條件必定更佳。這個說法依然適用於社會退休保障制度，年老的其實依賴社會整體就業人口（當今的孩子）供養。未來的就業人口（當今的孩子）相對於退休人口（現在的受薪人口）比例愈高，顯示未來每個退休人士將獲得更多的資源分配。什麼東西會被看作是今天的經濟包袱呢？今天要耗用金錢供養孩子，他們成長之後能就業生產，於是變成經濟資產。因此，把孩子養育成才是一種投資；正如人們今天要利用資源建成一座商業樓宇，好讓將來能夠從中賺取租金過活。中國或其他國家必須在當下注入資源培養孩子，以便將來能投入生產。今天孩子可能是負累，但卻是未來的經濟資產。

第二，雖然家庭構成建基於經濟回報來計算，但其實我們不應該把孩子僅僅看作是家庭的負擔，因為孩子為家長帶來歡樂與滿足感。即使他們沒有為父母帶來經濟上的支持，很多父母也認為光是孩子帶來的樂趣與歡欣，已足以為之付出那麼多。只有父母才知道家中多一個孩子的樂趣有多少，而這是外人無法探知的。只要父母願意為孩子成長負責，外界並無理由指責說他們孩子太多。正如其他國家的人們，中國人渴求較多孩子，可能只因孩子帶來更多快樂以及為父母帶來更多養老保障。有些中國家庭是窮一些，但他們是自行決定，不管經濟條件多麼有限但仍樂於多養一個孩子。

中國是否有能力供養更多小孩子？

　　贊成中國人口控制的人可能會說，家庭人口要擴大不應僅僅是由家庭來決定的；由於可能構成社會整體的一個負擔，所以家庭人口的增加是國家事務的一環。還有的會反駁說，中國太貧窮，不應供養太多孩子。以上兩個論點都不能成立，中國的現實並非如此，儘管我們也沒有認為必須以養活孩子作為中國未來福祉的一項投資。無論中國能否供養更多孩子，或是加快人口增長，均要視乎中國經濟增長有多快，以及因人口增長過快而導致人均經濟收入放緩的損失有多少。1978 年中國實施經濟改革開放政策距今已有二三十年，其真正產量（real out put）平均每年以 9.6% 的速度增長。在 1980 年中國實施獨生子女政策之前幾年，出生率是每年 18.2‰，死亡率是 6.3‰，產生了人口自然增長率（出生率與死亡率的差距）約 11.9‰（見表 4.1）。如果人口增長率（未作控制的）相當於每年增長 1.19% 或是像 1975 年高達 1.57%，中國於 1978 年後二十年的人均 GDP 仍然有明顯的增長，高達 9.6% 減去 1.6%，即每年增長達 8%。所以，中國經濟增長足夠迅猛，可以合理地吸納人口的增長，而無需受獨生子女政策所干擾。

　　看看九十年代末中國的處境，她的實質生產總量每年以 8.1% 增長，而人口增幅是 0.9%（見表 4.1），兩者相減（8.1% 減 0.9%）後，每年生產總量增長 7.2%，已是非常高速的增長了。如果政府容許人們自由生育，以及如果人口增長的結果是

相近於 1980 年實施獨生子女政策之前的 1.2%，那麼人均經濟
增長是 6.9%（8.1% 減 1.2%），仍然是非常高的增幅。即使出
生率或是人口增長率增加（死亡率也一樣）高達 0.3%，經濟
生產增長率每年仍會高達 6.6%。中國經濟增長飛快，足以應
付一個較高的人口增長，而無需實施人口控制。

　　當然，假如中國沒有實施獨生子女政策，1998 年中國的
出生率也不會由 16‰，提高到 1980 年的 18.2‰，再加上上述
所指人口增長的 0.3%。這是不是一個合理的假設呢？（讀者對
上述分析及結論若滿意的話，可以跳閱此段文字，餘下篇幅將
解答該問題。）這個假設非常保守也很合理，因為從事經濟行
業的勞動人口會於 1998 年自行降低出生率，這是與 1980 年
出生率比較而言的。讓我們分析一下《中國統計年鑒》所提
供的數字，我複製（Chow，2002，頁 184）並列舉於表 4.1。
這些數字顯示，出生率主要是由經濟因素決定，政府的生育
計劃政策只是有限影響。從表 4.1 看中國城市的出生率大幅
下跌，由 1957 年每年 44.48‰ 下跌至 1980 的 14.17‰。這個
劇烈的跌幅並非由於政府實施獨生子女政策。1970 年之前，
中國政府並沒有反對人民生育孩子；事實上，毛澤東卻說過
人多好辦事。1971 年中國政府開始實行一個溫和的生育控制
計劃，包括鼓勵晚婚、反對組織大家庭。可是，出生率已從
1957 年 44.48‰ 大幅下調到 1971 年的 21.30‰，以及 1975 年
的 14.71‰。1971 年大幅下跌至 21.30‰ 不可能是生育控制所
致。1957 年的出生率是每年 44.48‰，1975 年下跌至 14.71‰

表 4.1 每年出生率、死亡率以及人口自然增長率（1952-1998）

（單位：‰）

年份	全國			城市			農村		
	出生率	死亡率	人口自然增長率	出生率	死亡率	人口自然增長率	出生率	死亡率	人口自然增長率
1952	37.00	17.00	20.00						
1957	34.03	10.80	23.23	44.48	8.47	36.01	32.81	11.07	21.74
1962	37.01	10.02	26.99	35.46	8.28	27.18	37.27	10.32	26.95
1965	37.88	9.50	23.38	26.59	5.69	20.90	39.53	10.06	29.47
1971	30.65	7.32	23.33	21.30	5.35	15.95	31.86	7.57	24.29
1975	23.01	7.32	15.69	14.71	5.39	9.32	24.17	7.59	16.58
1978	18.25	6.25	12.00	13.56	5.12	8.44	18.91	6.42	12.49
1980	18.21	6.34	11.87	14.17	5.48	8.69	18.82	6.47	12.35
1985	21.04	6.78	14.26						
1986	22.43	6.86	15.57						
1987	23.33	6.72	16.61						
1988	22.37	6.64	15.73						
1989	21.58	6.54	15.04	16.73	5.78	10.95	23.27	6.81	16.46
1990	21.06	6.67	14.39	16.14	5.71	10.43	22.80	7.01	15.79
1991	19.68	6.70	12.98	15.49	5.50	9.99	21.17	7.13	14.04
1992	18.24	6.64	11.60	15.47	5.77	9.70	19.09	6.91	12.18
1993	18.09	6.64	11.45	15.37	5.99	9.38	19.06	6.89	12.17
1994	17.70	6.49	11.21	15.13	5.53	9.60	18.84	6.80	12.04
1995	17.12	6.57	10.55	14.76	5.53	9.23	18.08	6.99	11.09
1996	16.98	6.56	10.42	14.47	5.65	8.82	18.02	6.94	11.08
1997	16.57	6.51	10.06	14.52	5.58	8.94	17.43	6.90	10.53
1998	16.03	6.50	9.53	13.67	5.31	8.36	17.05	7.01	10.04

的原因，是大量婦女在社會參與勞動，導致城市地區的全體勞動參與率由 1957 年的 32.2% 增加至 1978 年的 55.2%。勞動婦女並沒有太多時間可以懷孕，促使生育率下降。

現在讓我們瞭解一下 1980 年之後中國城市的出生率，由 1980 年的 14.17‰ 增加至 1989 年 16.73‰，其間 1980 年政府在城市實施獨生子女政策。隨着中國經濟日漸繁榮，尤其是農村地區，其實已掩蓋了獨生子女政策所產生的作用。1989 至 1998 年，城市出生率減至 13.67‰，而全國出生率已減至 16.03‰，這與政策轉變無關，但可以解釋為中國高度城市化所致。上述對出生率、整體人口每千計、由一年至另一年之間所引起變化的經濟解釋，並未計算中國人口中適齡懷孕婦女的比例產生變化所造成的影響。一個慎密的經濟分析應將此項影響併入考慮，但本書並不適宜詳加處理。這項影響是非常細小的，如果與上述所說的經濟影響作出比較，鑒於適齡懷孕的女性在中國人口所佔的比例，在這些時期之內並沒有實質上變化。

經濟因素本身已減低了 1980 至 1998 年的出生率。當經濟發展以及城市化開始，女性投入社會工作，而相比於母親之前的支出，養育孩子就變成一項昂貴的任務。此外，撫養孩子的開支亦很高，要為他們準備食物、住屋、入學，但又不可能把他們當作勞動者，仿如農家孩子般為家庭帶來收入。

種種高成本對城市居民養育孩子產生消極作用，很多國家包括中國的經驗均已得出這樣的結果。

總之，當我們考慮到養育多幾個孩子的影響時，我們應不只考慮今天撫養的昂貴開支，而是包括當前他們給予父母的喜悅，以及他們未來將為父母及社會提供的利益。即使我們只考慮今天養育孩子的開支，中國的經濟生產增長自 1980 年以來已顯得很高，足以支持人口增長而無需受一個孩子的家庭政策所干預。再者，經濟因素將自然地減低出生率；世界上許多國家在經濟發展過程中正是如此，而中國自己發展的經驗也是這樣。

一個龐大的人口有其好處

我希望已說服讀者：中國並沒有必要控制人口增長。再進一步說，一個國家擁有一個龐大人口其實有兩大優點：

第一點是非常明顯的。一個國家人口眾多，當然顯得攸關重要。它能吸引全球注目，增加中國在國際間舉足輕重的作用。民主的概念建立在"一人一票"的基礎上，如果全球有一個民主政府，中國將擁有比其他國家更多的票數。人們生而平等。如是者，中國擁有較多人口，應較受重視。儘管世界並不是由一個民主政府管治，但中國因龐大的人口亦應被視為一個具有經濟實力和政治影響力的國家。中國經濟生產總值飛速增長，有賴於內地大量高素質的人力資源，這為中國產品出口全球各國提供了重要的基礎。而且，龐大的人口也使中國成為全球最大的銷售市場，為海外投資者及出口商提供了無限的商機。中國在聯合國上進行決議也具很強的影響力。

第二個好處是規模效應（scale effect）。人數眾多的大群體能創造更多效益，這比一大群人細分為多個小群體更為有利。一個擁有一萬人的公司會比兩個每間 5,000 人的公司更能賺錢。當人口龐大，就會很容易找出較多極有天分的人擔當重任。在中國可以比其他地方更容易找出 1,000 個 IQ 超過 185 的人，這純粹是因內地有 13 億人口。一國的實力往往是以最優質來衡量的，而不是以全民平均水平來考慮。最優秀的人才能為國家在經濟與社會各個重要領域，建立及帶領出一流的工業、金融、教育及研究機構，為他們一一進行革新；並且，眾多的人才參與各項公共事務，為國家出謀獻策。美國非常強大，部分是由於物理學家愛因斯坦及汽車大王亨利・福特等眾多先進作出貢獻所致。中國將會發展得很好，因為最有才華的人可以在這個巨大的人口群體裏脫穎而出。

關於規模效應的另一點是，一個巨大的人口提供了很大的市場。中國經濟可因這巨大人口所產生的強烈需求而發展。在中國，有潛力的革新者將很有動力地去創造和發明，因為新產品一旦能滿足這個強大市場，將可賺取豐厚的利潤。當我指出上述的優點時，我不是說一個國家需要一個龐大的人口以圖致富，只是說擁有一個龐大人口將被賦予上述優勢而已。可以肯定地說，一個國家擁有一個小數目的人口亦可以致富，關鍵是具備聰明的人才以及完善的經濟制度。

簡單地總括上面所討論的中國人口問題，我認為中國擁有偌大的人口不成問題；相反地，這給予中國一些優勢，包括在國際上舉足輕重，以及受惠於規模效應。

伍

THE EDUCATION,
SCIENCE AND
TECHNOLOGY OF CHINA

中國教育、科學及技術

本章我們將從歷史背景出發，來講述中國教育制度，包括從中國封建社會到中華民國，再到中華人民共和國早期三個階段。關於教育制度的近況，我將會從各級教育機構着手，側重於高等教育、政府角色和非政府教育機構、中國大學的特色、大學生以及發展高校的未來前景等議題。這裏亦會簡單討論一下家庭教育，然後是科學，最後談論技術。為了國家的現代化和經濟發展，中國人已在提升教育和科技方面做出了相當多的努力。他們已取得很大的成功，未來預計會有進一步的完善。

現代教育制度的歷史背景

在進入中國教育制度現狀的討論之前，有必要先談論一下中國現代教育制度的歷史背景。中國於漢朝初期，便採用察舉制選拔政府官員。選官制度在唐代及之後的朝代不斷改良，形成完備的科舉制度。清朝出現了不同等級的考試制度，類似於當今的小學、中學及大學水平。中國人為了提升社會地位，最主要的途徑是通過一層一層的等級考試，從而成為政府官員。士大夫被視為社會地位最高的人，商人則地位最低。此外，金錢與財富也會隨官位而來。自然而然，中國家庭都期望他們的孩子能憑藉考試，取得越高等級越好。因而，教育在中國人的思想中佔有非常重要的地位。這也部分說明了，在美國的中國父母為何力促其孩子要努力讀書。很多父母並未意識到

美國的實情：孩子可以在各行各業取得成功，尤其是在演藝及
體育領域中。而中國人認為努力學習是謀得較佳政府職位的主
要途徑。中國傳統考核的科目主要是經典名著，尤其是儒家
經典。

　　歷史學家曾評論說，中國皇朝以儒家思想作為管治思
想，以維持社會秩序及政治權力。對儒家思想的部分批評，我
於第一章談及漢朝時已簡略提及。可以指出的是，科舉制度的
優點是建基於儒家思想，政府官員從儒家思想中學會仁慈、誠
實、忠於皇帝、以及為官和交友之道。儒家思想教導人們透過
觀察周圍的人及向他人學習而增加知識，認識世界。儒家思想
所提倡的待人處事態度對朝廷大有益處。人們在為官以前學好
該思想，對管治社會有好處，至少數百年來是如此運行的。在
這種考試制度下，很多孩子在家學習，由家人聘請老師教授。
有時，一個老師教授一群鄰近家庭的孩子。通過最高級別考試
的人會被安排到專門的學術機關，當政府有需要時便從中委任
成為官員。

　　這個制度於二十世紀初開始瓦解。1840 至 1842 年在鴉片
戰爭以及其他戰爭中被擊敗後，滿清政府意識到教育制度必
須改變才能將中國現代化。滿清於 1896 年成立了北京大學。
從大學的組織架構和所授學科來看，北京大學從西方大學制度
中吸取了經驗和特色。教育制度的基礎部分，開始出現小學
及中學，兩者和美國一樣採取六年制。美國傳教士、教育人
士，以及其他國家如法國、英國、德國等，均在中國建立中

學及大學。我所就讀的嶺南大學無論在香港、澳門及廣州均有附屬小學和附屬中學。嶺南大學於 1888 年由美國教士在廣州成立，1952 年被中華人民共和國政府關閉，後來在現址重開，現成為中山大學的嶺南學院。我在學校擔任名譽院長及董事會成員。

不只教育機構的組成形式發生改變，所設學科亦有所變化。從這兩方面看，中國已走向現代化。在二十世紀初那個過渡時期，傳統教育亦即書塾或本土教育仍然存在。家長從這兩類學校中為孩子作出選擇。其後，小孩子雖然被送往現代化的小學，但家長仍為他們僱用老師前來教導儒家思想。在現代學校，儘管儒家思想與其他古典哲學思想及教誨仍然通過教科書傳給學生，但已非如傳統般教授。當我於三四十年代在香港的小學及澳門的中學上課時，家人僱用了一個家庭教師來教我儒家經典，讓我學習著名的士大夫、文學家及哲學家的文章。

直至三十年代，中國的現代學校制度在諸多方面仿如美國般。首先，中國像美國一樣採用了“六—六—四”年制的小、中、大學制度，所教授的學科也近似美國學校。當然，中國語文及歷史取代了美國語言和歷史。數學及科學與美國相同，但中國中學的數學和科學水平比美國高。如今說來，美國中學的數學及科學水平仍然偏低於中國、其他亞洲國家及歐洲國家。美國教育家正在研究美國的中學及小學教學基礎課程。我並不曾研究這個情況，也沒有準備提出美國兒童及青少年的在校教育宜提高水平這個結論。當時的中國仿效法國及德國的模式，但總體來說中國教育體制的形式和科目與美國相似。

　　之所以如此概括，部分是由於國民政府的統治。蔣介石當時是國家領袖，其夫人宋美齡（於 2003 年 10 月逝世）畢業於美國 Wellesley College，外語非常流利，她促進了中美政府的友好關係。此外，中國受美國影響較強的另一原因，是來自傳教士以及那些留學美國的中國學者。部分學者獲得了美國政府的經濟援助。1900 年中國於義和團之亂時與美國交戰失敗，美國決定利用中國賠款作為獎學金，支持中國學生到美國留學。美國的教程雖與中國類同，但教學質量較佳。因此，我的兩個兄長於三十年代後期也遠赴美國的大學留學。

　　1949 年之前，中國同時存在公立和私立教育學校。各省各級地方政府須遵從國民政府的指示和政策，為中國的孩童提供公共教育。不同地方政府所提供的基礎教育的普及程度和教學質量不一，要視地方財政而定。私立學校也同時存在，有些較公共學校為佳，並收取較高學費。三四十年代的廣州，最優秀的學校是私立學校，較能得到人們的認同，富人寧可將孩子送入私立學校，一般家庭則期望孩子能取得獎學金，以便入讀私校。至於高等教育方面，國民政府在國內亦成立了一批頂級大學，大部分市民認為最佳的五所國立大學分別是北京大學、清華大學、同濟大學、南開大學，以及南京大學。它們強於私立大學的前五所，儘管一至兩間私立大學如燕京大學亦屬上佳。總的來說，中國各級教育的發展，尤其在三四十年代，均是不錯的，而現代教育正是這段時期一項較新的進步。

中華人民共和國的教育

中華人民共和國成立之後，教育體制可以以 1978 年作為分水嶺，以其之前和之後的兩個階段來討論。在第一階段，即1950 年初政府選取蘇聯的計劃經濟的模式之後，高等教育也仿效其體制，政府控制各教育機構。所有私立大學均被關閉，自由辦學也停滯了。教育主要為經濟發展而服務。因此，人們相信為了國家利益，大學生應集中於某一個專門學科，而不是一般性的自由教育，而且每所大學應有其專長。以往的公立或私立大學均須重新建構。一所綜合性大學因而分成多個專門的學院，如醫學院、工程學院及農業學院等。由政府主管生產及分配的部門操控這些學院，以訓練這些領域的專門人才。人民銀行掌控一個研究院，以訓練人手應付該行及各省分行的需要。人民大學的成立，則是專門訓練學生成為政府幹部的教育機構。

表 5.1：各級學生入學情況（1949-1981）[a]

（以每一萬人計算）

年度	人口總數	高校	中學[b]		小學
			特殊中學	普通中學	
1949	2,577.6	11.7	22.9	103.9	2,439.1
1950	3,062.7	13.7	25.7	130.5	2,892.4
1951	4,527.1	15.3	38.3	156.8	4,315.4
1952	5,443.6	19.1	63.6	249.0	5,110.0
1953	5,550.5	21.2	66.8	293.3	5,166.4
1954	5,571.7	25.3	60.8	358.7	5,121.8

年度	人口總數	高校	中學 [b]		小學
			特殊中學	普通中學	
1955	5,788.7	28.8	53.7	390.0	5,312.6
1956	6,987.8	40.3	81.2	516.5	6,346.6
1957	7,180.5	44.1	77.8	628.1	6,428.3
1958	9,906.1	66.0	147.0	852.0	8,640.3
1959	10,489.4	81.2	149.5	917.8	9,117.9
1960	10,962.6	96.2	221,6	1,026.0	9,379.1
1961	8,707.7	94.7	120.3	851.8	7,578.6
1962	7,840.4	83.0	53.5	752.8	6,923.9
1963	8,070.1	75.0	45.2	761.6	7,157.5
1964	10,382.5	68.5	53.1	854.1	9,294.5
1965	13,120.1	67.4	54.7	933.8	11,620.9
1966	11,691.9	53.4	47.0	1,249.8	10,341.7
1967	11,539.7	40.9	30.8	1,223.7	10,244.3
1968	11,467.3	25.9	12.8	1,392.3	10,036.3
1969	12,103.0	10.9	3.8	2,021.5	10,066.8
1970	13,181.1	4.8	6.4	2,641.9	10,528.0
1971	14,368.9	8.3	21.8	3,127.6	11,211.2
1972	16,185.3	19.4	34.2	3,582.5	12,549.2
1973	17,096.5	31.4	48.2	3,446.5	13,570.4
1974	18,238.1	43.0	63.4	3,650.3	14,481.4
1975	19,681.0	50.1	70.7	4,466.1	15,094.1
1976	20,967.5	56.5	69.0	5,836.5	15,005.5
1977	21,528.9	62.5	4.3	5,508.1	14,627.0
1978	21,346.8	85.6	88.9	6,548.3	14,624.0
1979	20,789.8	102.0	119.9	5,905.0	14,662.9
1980	20,419.2	114.4	124.3	5,508.1	14,627.0
1981	19,475.3	127.9	106.9	4,859.6	14,332.8

a 不包括兼讀課程；b 不包括工人訓練學校

資料來源:《中國統計年鑒》，1981，頁451。

在第一階段，政府控制基層各級教育活動。控制的目的有兩方面：首先，中國政府奉行社會主義，具有福利性質，有責任提高人民的教育水平。政府成功地在 15 年內將識字比例由 1952 年的低水平提高至 1978 年的 82%。第二，政府期望把民族主義及共產主義的思想教給小孩子，使他們從小熱愛祖國並服從黨的領導。因此，當局不容許私立辦學。讀者要瞭解共產黨建國以來各級學生入學的情況，請參看表 5.1。從該表可見，雖然人口增加，但入學率不變。

中國的教育制度受到文化大革命（1966-1976）的嚴重衝擊，其間知識分子受到嚴重的迫害。不少大學在當時關閉。表 5.1 顯示，1970 及 1971 年高校入學率均大幅下降。

1978 年後的教育改革

1978 年後，中國在鄧小平的領導下展開以市場經濟為主導的體制改革，逐步放棄建國後所採納的計劃經濟體制。教育是改革過程中的一個重要部分。從表 5.1 可看出，大學入學率自 1978 至 1981 年迅速增加。高校教育體制有所改變，主要是放棄了五十年代蘇聯模式的教育體制，而採納了四十年代與美國較為類同的大學體制。現在政府對於各級教育建設，允許 "民辦" 學校的發展。由此，學校與各級政府並肩將教育發揚光大。

教育改革尤如經濟改革一樣，緩而有序，經歷了 25 年的時間，雖尚未完成，但已取得相當的成果。高等教育已變得沒有那麼專門性，大學由那些原來分散於各地及專門的醫學、工程及農業學院合併而成。中央的國家教育部門仍然控制約 30 所主要大學，其餘由省、市及鎮政府分別主管。課程方面，尤其是經濟學科，已因應中國市場經濟的實行而轉變。

關於經濟科目的教學，內地對馬克思經濟學的興趣下降，但仍然沿用。一些美國大學講授的學科如會計學、統計學、國際貿易、公共財政、經濟發展、貨幣與銀行、計量經濟學及數量經濟學也正在內地大學之中發展，大量的學生對此產生興趣。1988 年教育部（前為國家教育委員會）將上述一系列學科列為"核心課程"，而且規定這些科目為經濟課程的必修課。我們從簡報中得悉中國大學採納了這些課程，但我們不認為中國大學經濟學科教育質量的平均水平與美國大學相若。事實上，政府引入這些必修課並不能保證教學質量。中國需要經濟學領域的優秀教師和其他社會科學及人文科學的人才。中國向經濟系學生所教授的數學科目是先進的，能與美國最頂尖的學府相比；但是，那些需要以數學方法來任教的經濟學科，則尚未教得很好，因為不少老師仍未能掌握到該方面的精髓。因此，改革中的經濟學科在很大程度上只限於形式上，而非實質上。

中國大學在自然科學、數學及工程的教育領域上是不錯的，其頂尖學府能達到世界級水平。這些學科並沒有像社會科學那樣受政治意識形態影響那麼深。相反地，中國政府鼓勵自然科學及工程學科的研究，期待這些領域的研究成為推動現代化的一股重要力量。

中國大學院校的水平

　　我們首先來看看高等院校有限的教師數量。在數學、科學及工程方面，優秀的教師數量在最頂尖的學府裏是足夠的。但從全國整體來看，教師數量並不充足。在社會科學方面，優秀的教師數量非常有限。文科方面，中國的大學可算很強，原因是能聯繫到中國文化。中國政府特別強調數學、自然科學及工程這幾個學科，因為這些領域已有效地促進了中國的現代化。學者在這些領域作出貢獻，被當作國家的英雄，正如勞動模範得到國家的嘉獎一樣。相反地，西方認為中國的社會科學不成氣候，主因是要符合政治正確。我們從美國得知，中國大學從五十至八十年代停辦經濟及社會學科。中國大學在這些方面須奮起直追，但中國這麼大，要全國都追上須耗用不少時間。光是訓練出一名學人就須花上十年：四年大學、六年博士課程，然後再花六年時間，才能成為一個成熟的學人。在這之前，一間學術機構需要一批學者與更多的在校專家主持教學。八十年代中期，當中國教育部決定大學要引入現代經濟作為一個學科時，只有一小撮中國學者在這方面受過訓練。

　　為了達到中國經濟教學現代化，必要的第一步是找出一批優秀的西方教授，以展開訓練第一批的研究生。但由於中國的院系沒有足夠的、高水平的學人執教，當該批海外教授離開中國後，這些受訓的學生便不能在中國進一步進修。因此，有必要派他們出國留學攻讀博士學位，並等候他們回國。首屆留學生需要至少五年時間才能取得博士學位，也許還要多二至三年才能在思想上變得足夠成熟。當其條件成熟後，還要視乎他們是否決心回國執教，否則，這批人才最後亦未必在中國發揮作用。事實上，這批人才學成後，往往在美國或其他地方找到極具吸引力的工作機會，大都不願回國。無論如何，這批回國的學人數目，包括那些到香港任教的，自九十年代後期已快速增加；自 2000 年回國的亦有所增加。這批學人從核心上推動了中國的經濟教育。有的留在美國、加拿大及其他發達國家的中國學人，亦陸續回國作短期的任教或為院系提供教研的意見。結果是，雖然中國高校的經濟教育從全國來說仍然落後於大部分先進國家，但通過那些留學海外的中國學生回國（在中國現被稱 "海歸派"）努力推動，情況現已快速改進。況且，全國頂尖的幾所教學及研究機構已達到國際水平。

在文科方面，涉及中國文化的學科，是有足夠的優秀教員的。內地大學的中國文學當然首屈一指。中國歷史方面，我相信內地學人對此的認識也非常深厚。這句話其實有點爭議，要視乎人們從什麼觀點來看。一個中國歷史學家可能比美國的歷史教授懂更多中國歷史，至少中國的學者只須花上較少時間就可鑽研到中國經典及《二十四史》。但是，美國教授的訓練是從宏觀角度來解釋歷史（也許中國歷史學者也是如此為自己

辯護的），將歷史聯繫到現代社會科學，運用 "科學方法" 對
不同歷史材料進行研究。中國歷史書籍對於同一史實有不同的
觀點。也許，現代歷史方法更多地透過論證而非只建基於歷史
材料，可以幫助人們解決對中國歷史不同的爭議。

　　公平地說，無論傳統中國歷史研究或現代中國歷史研
究，兩者都具備其優點。中國當代的史學家均從兩方面得到不
同程度的訓練。現代的歷史學家在鑽研歷史之餘，他們會欣
賞中國經典的智慧，正如我在第一章引述史學家司馬遷的著
作《史記》。與大部分西方學者比較，中國歷史學者對中國經
典著作的閱讀技巧較高，他們能更深入 "體會"（對詩的意思
的理解而不必是科學上的理解）中國文化背景，以判斷較合適
的歷史內容提供作歷史研究。傳統的中國學術對中國藝術、文
學、哲學、宗教及其他文科，有其本身研究的價值，甚至，這
些科目之間，可以從比較的角度來研究更顯價值。由於文科本
身具備內在價值，我們可以總結說，中國大學在社會科學上稍
弱，但涉及中國文化的文科則很強勁。

中國大學體制的特色

　　讓我們轉而談論一下中國大學體制的特色。首先，中國
大學在組織架構上與美國的大學相似，由校長領導，大學的
各個學院由院長分管，其下不同的院系由系主任率領。總的說
來，中國的院系更重要的是在遴選大學校長時扮演一定角色。

在北京由教育部主管的重點大學，政府有權指派及免去校長的職務。實際上，教育部卻派了一個委員會到大學內與院系教員傾談，並調研一下他們對候選校長威望的認可度，院系投票率較高的那位候選人將被指派管治該大學。相比而言，普林斯頓大學委託董事局（Board of Trustees）委任校長，而且院系並沒有投票權。院系的聲音只能透過一個委員會探知，並聯同其他途徑向局方反映，但局方具有最後的決定權，而院系的聲音到最後能真正發揮影響力的是有限的。

其次，一般來說，中國大學僱用員工太多。美國優質大學的師生比例一般是一比十一。美國大學的教員在過去三四十年間已有所增加，部分是由於需要履行聯邦政府所指定的任務。八十年代的中國大學，員工與學生比例接近一比一。在計劃經濟體制之下，導致了大學聘用的每一個僱員服務每一個學生。該比例的計算包括這些在醫院及其他服務機構的支持性職工。中國大學的研究生普遍不在校外找尋工作，傾向於留在原校成為教員。大學的行政也沒有需要減少職工的數目。結果，大學與國家企業一樣冗員，但優質教授卻非常不足。

第三，以教員流動性來說，美國教授可完全自由地轉換工作。對中國教授來說，較難從一所大學轉到其他大學去任教，不過現在已大大改變。教員缺乏流動性也反映了過去計劃經濟的影子；內地勞動局指派人們到工廠及教育機構工作，而不是由僱主及僱員之間相互協議決定的。以前在城市裏，各行各業的人們均須持有一個居留戶口，以取得必需的糧油配額，

"如果你要從這個課程及格的話，你一定要通過 Chow's Test⋯⋯。"
作者於山東演講，講題為 "通過 Chow's Test"
（以上幽默評述由美國普林斯頓大學的林壽海教授，根據作者的研究興趣提
供。）

"要達到市場經濟，你一定要理解拉氏乘數法⋯⋯。"
作者於山東演講，講題為 "理解拉氏乘數法"
（以上幽默評述由美國普林斯頓大學的林壽海教授，根據作者的研究興趣提
供。）

而且在沒有獲得批准之前，不能遷居到其他城市。當市場經濟
恢復實施，人們無需依賴城市戶口簿就可取得生活所需，因為
他們從市場上就可買到。所以，今時教授從一間大學轉往別的
大校任教，已很普遍。

　　第四，從學術自由來看，中國的大學可說是相當不錯。
總的來看，大學教授可以自由地進行研究，出版他們的著作，
以及向學生教授他們所思索的。在言論自由方面，學生和教員
可以從心而論，但他們不能說及牽涉支持推翻政府的言論。人
們現在可以批評政府的政策，已與五十年代不同，當時知識分
子批評政事均被迫害。1957年，毛澤東開展百花齊放運動以
鼓勵知識分子發聲，可有些人跌入陷阱裏。當他們說真話，就
被懲罰；這種錯誤的做法現已改變過來。在中國師生間私人的
聚會上，他們如同在美國大學一樣，可以自由對話。政府能容
許現在的中國人享有高度言論自由的原因，是不再擔心受這些
言論所帶來的威脅。再者，即使有些政府官員可能不喜歡，但
他們已不在控制權的關鍵位置上；對於民眾客觀的言論，也鮮
有向政府作報告的。即使願意打報告的也不知道向誰彙報，而
作出彙報也不會贏取任何信任，反而讓人們反感。

　　第五，關於大學教授的工資，近年已大幅提升，而且繼
續增加。2002年，一名講座教授（full professor）的正常工
資是每月2,000元人民幣。大部分都有補助性收入，在原校或
其他地方額外任教，總計每月收入約3,000元人民幣。雖然以
兌換率計算，1美元相等於8.3元人民幣，但以購買力來說，

3,000 元人民幣約等於美國人每月 1,500 美元的收入。他們的居所由政府資助。中國市場的食品價格比美國超級市場的大為便宜,教授在市場購買食品材料所花的 1 元人民幣相當於在美國超級市場的 1 美元。因此中國教授每月可得上述工資收入,生活尚算不錯。他們一般沒有汽車,但這並非必需品,因為他們都住在大學宿舍,外出亦有方便的公共交通工具代步。

為了建立多間世界級的大學,中國領導人於九十年代末期決定投放數以十億計美元來發展中國幾間頂級的大學,包括北京大學及清華大學。雖然不能預期這些大學很快就與哈佛大學或麻省理工大學(MIT)等身,但中國提升頂尖學府的一些舉措,卻帶來了多方面重要的影響。該政策引進後,這幾間頂級學府得以聘用各省其他優秀的教授前來任教,他們的工資因而得以提升;內地其他大學隨之亦面臨壓力,要拉動其他教員的工資。在中國,大學可從省、市政府、企業及個人處爭取經濟支持。

九十年代末期,香港富商李嘉誠向內地捐出長江學者獎項,對 200 名傑出學人每年頒發 10 萬元人民幣的獎金。與此同時,對一般的教授贈與每年約 12,000 元人民幣。2001 年清華大學獲得一些金融機構的支持,對 16 名先進教授每年發放獎金 100 萬元人民幣。該學人獎金主要用於吸引美國教授前來執教,尤其號召內地學人回流至中國,教程可為期一年之久。設立這些學人獎金的目的是幫助改善清華大學教學的質量。一般來說,中國教員的工資在國際水平上仍屬偏低,導致

中國的大學很難吸引海外學者前來。無論如何，多間大學正在
以購買力計算出具備國際競爭力的薪酬，以期吸引留學海外的
內地人回國執教。事實上很多海外中國學人已回國，正大大改
善着中國大學的教學水平。

民辦教育機構

中國各級教育機構正在持續改善之中，除了中央、省及
地方政府的投入之外，非政府領域亦作出不少貢獻。"民辦"
或是私人融資開辦的各級學校正在廣泛地發展，一方面由於中
國人愈來愈富裕，對民辦學校有需求，另一方面由於開辦該類
學校盈利可觀。八十年代末，我參觀了一間靠近廣州的私營
小學。孩子入學首年要繳付 10 萬元人民幣（當時約值 3 萬美
元）。學校利用投資者的資金建立學校，土地乃從地方政府中
以極低廉的價格租用。據說該校頗為賺錢，老師的素質非常不
錯，學生也非常守秩序。很多時候這些學校正式地或以協會的
名義建立。中國實施經濟改革後，各式各樣的協會如雨後春筍
般成立。如果一個國營企業可以或是應該為其工人的孩子建立
學校，那為什麼一間醫院不能為公眾建立一所學校呢？為什麼
在上海的藝術家協會不能經營一所學校呢？協會可以具備法人
地位，但私人則不可以。他們已投入相當大的固定成本，以取
得土地或樓宇的使用權，建立一些具有法人地位的組織，並加
強管理層與員工的關係，以及取得公眾對學校的認同，這些都

是在啟動辦學或經商時需要進行的前期工作，需要消耗相當多的資金。

非政府學校已在全國迅速興起，不光是因為在經濟上可行，而且因為還有很多人士願意支持他們，尤其是海外華人大量投入資金支持中國的各級學校。仿如西方投資於一個項目一樣，海外華人無論在資金及知識上，均對學校的管理鼎力協助，只是傾向於非牟利性質。海外華人投資者奉獻出時間及金錢，以促進中國的教育事業。觀察者已指出，中國教育系統缺乏資金的部分原因是政府在教育領域的投入太少。他們引述政府開支的統計數字作為論據，1995 年中國用於教育的公共開支只佔國民生產總值的 2.5%，相比美國的 5.4% 及全球平均的 5.2%，大為不足。這些數字並沒有計算民辦教育的開支，海外華人及友好的捐獻，以及父母為入讀民辦學校的孩子所繳付的大筆前期學費。西方在中國某些城鎮、縣、鄉的支持也非常有實質作用，尤其是對靠近香港的一些鄉鎮進行投資。

中國以私人融資的方式發展教育，至為重要。2002 年由聯合國教育科學及文化組織（UNESCO）及經濟合作發展組織（OECD）所出版的《教育融資——投資與回報》，記錄了16 個發展中國家包括中國在內的教育融資狀況。這些國家來自私人渠道的包括個人及家庭的資金，其貢獻遠比於西方的經濟合作發展組織的國家高。譬如說，在智利、中國及巴拉圭，在教育上投入資金總額有超過 40% 是來自私人渠道，而經濟合作發展組織的國家是 12%。私人教育服務在這些發展中國家都發展很快，學校存在多種形式，從私人全資、獨立機構，以至由政府外判給民間的組織都有。報告又說，在中國及津巴布韋，政府資助及社區管理的學校將會是教育系統的骨幹。

家庭教育與自我學習

家庭教育是中國教育的一個重要組成內容。家庭教育在其他國家也是非常重要的。家教影響了個人的一般常識和技能、工作習慣、生活態度以及人們成長的學習方式。在中國，家教主要建基於技巧、知識及生活態度，一代一代經改良而傳習下來。中國農民從上一代祖父母和父母那裏學習農耕，中國工人則由商朝開始，從工人及工藝者處承襲他們的技巧。商朝人們以製作銅器而著稱，這從博物館可以見到。人們若得到良好的家教，相對於家教較差而取得學位的，可能生活得較好。前者可能比一個次級學位畢業生更有積極性，有較佳的工作習慣，或擁有更善於與人溝通的技巧。中國家庭教育受惠於儒家文化，人們勤勞、忠誠及誠懇；與此同時，儒家思想也帶來負面影響，包括缺乏創意及原創性。中國家庭頗為封閉，孩子受父母的影響很大，很多孩子依賴家教作為其接受教育的一個非常重要部分。

為了展示中國教育的全面情況，我們同時要談一下自學教育。當我在美國長春藤聯盟大學（Ivy League university）主持一個研討會時，一名知情人士在觀眾席中提問：為什麼中國在缺乏經濟支持的教育制度下，其經濟仍得以快速發展？他引述說中國國民生產總值中用於教育上的開支佔很少的比率，這一點我於本章較早前已提及。首先，我回答說，中國的教育開支來源其實很廣泛，包括不斷增長的私營學校，父母為孩子繳付大筆學費，有些學校由部分海外華人捐助籌辦；其次，是中國的家庭教育。有關教育開支的統計數字並沒有顯示家庭教育是中國教育的組成部分。我一個要好的朋友在會上也主持研討會，研討會結束後，他告訴我忽略了一個重要的觀點。他說，他最近遊歷中國時需要找一個能說漂亮英文的導遊。結果確實找到一個能操流利英文的，他問該名導遊怎樣學得如此良好，答案是＂我自學的＂。也許，是家庭教育及中國文化的影響，促使該名導遊積極學習，人們應予讚許。當然，他對學習外語擁有特別才華，也是可能的。

優秀的中國學生

中國學生的獨特之處是什麼呢？首先，總的來說中國學生大都認真學習。原因至少有二：一是儒家文化傳統潛藏於科舉制度，其二是現時的社會改善了經濟條件，可加強對人們的培育。學生刻苦學習，以圖再進一步得到較佳的訓練，爭取將來的生活更為美好。遊客在中國的大學及其他公眾地方可經常看到中國人閱讀英文書籍，人們明白，掌握英語可以較好地謀生。

其次，文化傳統主張先記誦後理解，當理解後再發揮個人創見，很多中國學生就是這樣學習的。學習畢竟需要大量記憶，但記憶只是學習過程的一部分，理解是另一部分。為了增加知識，人們必須建立其洞見。不少中國教育工作者認為，中國學生強於背誦，而弱於創見。他們正努力使中國學生提高創造力及原創性。我們已發現，在美國留學的中國研究生在博士候選人考試中均能高分通過，但在撰寫論文時，其原創性則沒有這麼好。當然，仍有很多優秀的中國留學生能寫出非常出色的博士論文，這些聰穎的學生大多數原於內地大學入讀，在原缺乏相關訓練的情況之下，也已學會變得思想上要有原創性。一般來說，中國學生具備以上兩個優點，加上他們的活力與積極性，並且堅持一個良好的學習習慣，將會愈見突出。我期待着，內地為數不多富有創造力的學人能培育出更多富有創造力的學生，並與日俱增。

現代科學

自從中國人希望以國家現代化來拯救帝王統治，就認為科學非常重要。他們知道科學知識可以轉化成強大的防衛軍力和經濟現代化。1919 年五四運動，中國的愛國青年討論中國現代化的兩個核心思想：科學與民主。這兩方面是當時入侵中國的西方帝國主義國家已有而中國所缺乏的。在中華民國政府管治時期，中國知識分子強調鑽研科學多於其他領域，父母及老師鼓勵年輕學生要選讀科學而放棄其他學科。當我作為一個學生初來美國時，我發現大量的中國學生選讀科學及工程，這個現象至今仍然存在。只有那些沒有能力研讀科學及工程的才選其他科目。舉例來說，當時中國的醫生眾多，收入也不高，人們並不重視研讀醫科；中國主要由中醫開藥方診治，在醫科學校也有訓練西醫作為補充。由於中國醫生供應過多，為了競爭而收費低廉，比起美國的醫生收入相距甚遠。這個情況與美國大異，美國的醫學界限制訓練過多新的人才，部分原因是為了避免競爭。

中華人民共和國政府強調科學與技術的發展，同時提倡教育以振興國家。這些文字都是中國政府的口號，至今仍然有效。1999 年 8 月在中國政府的支持下，我參與主持並協助在北京開辦了一次國際會議，名為 "科教興國"。中國政府認為振興科學及技術非常重要，藉以將國家現代化並加速經濟發展。中國對出色的研究者廣泛推崇，例如：2002 年 2 月，時任國家主席江澤民親自頒授 "國家科學及科技獎" 予取得重大研究貢獻的研究人員。該項儀式非常隆重，並由國家電視台轉播。除了國家的讚賞之外，最高的獎項還有高達 500 萬元人民幣。

為了提倡科學及技術研究，北京設有國家科學院，位於首都的西北部。全國最優秀的科學家均集中在那裏，他們來自不同領域，對國家的發展甚為重要。國家善待他們，給予優厚薪資和良好的工作環境，科技人員能享受較高的社會地位。

相對而言，北京的社會科學院，其研究人手的規模尚小，人均研究經費非常低，部分原因是出於研究性質的不同而不需要高成本的器材；另一原因是政府沒有多大重視，社會科學研究人員的地位也不高。國家對自然科學的重視多於社會科學，可從國家自然科學基金撥出的科研經費中反映出來，該項基金之龐大，甚至十倍於社會科學研究基金的撥款。我作為國家自然科學基金的顧問，對於九十年代後期中國政府決定鼓勵研究金融的現象，估計部分原因是需要發展出一個現代的金融市場，並制定一套現代的金融制度。但利用數學方法來研究金融竟被視為自然科學研究，並被國家自然科學基金所接納。從中國的財政水平來說，這些科研經費是非常慷慨的。以金融研究作為保護傘，其他經濟領域包括宏觀經濟、貨幣及銀行、外貿及經濟發展均從國家自然科學基金取得研究撥款。

中國擁有不少優秀的科學家，他們的貢獻都廣受讚譽。中國早期發展核彈，對航天及火箭研發擁有先進技術，而且數學、物理、化學、生物及工程也均在國際上備受肯定。這都是中國科學家的勤勞、政府優惠政策及傳統的學術文化結合而成的成績。九十年代末，來自台灣的美籍華裔科學家李文和被指控洩露美國科技秘密給中國，以改良其製造核彈頭的技術。當我在普林斯頓大學與友人討論這個話題時，多位朋友告訴我中國科學家的科研狀況已足夠先進，能自我完善該項核彈頭的技術而無需外援；更何況，根本沒有證據完全表明李博士傳遞了某些機密予中國大陸，《紐約時報》後來已承認有關報導失實。

技術發展

我撰寫這本書的動力來源，部分是因為我與一名高科技公司的行政人員在飛往北京途中傾談而激發出來的。他對於中國高科技的蓬勃狀況感到甚為深刻，並告訴我這方面的發展是爆炸性的。這個觀察與中國半導體製造的飛快發展是一致的。台灣積體電路製造股份有限公司（Taiwan Semiconductor Manufacturing Company，簡稱 TSMC）自 1987 年在台灣成立以來非常成功，聲名遠播。它是全球領先的半導體生產商，也是規模最大的獨立半導體代工服務商，其淨值相當於台灣股票市場總市值的十分之一。二十世紀末，該廠並沒有面臨中國大陸任何競爭的威脅。可是，當進入二十一世紀兩至三年後，TSMC 意識到中國可以快速地追上。該廠也開始轉移部分業務約四分之三到大陸去。在中國，發展得較快的科技產業包括集成電路、電腦、電訊、生化及醫藥等。

促成了中國科技業爆炸性發展的原因有多方面：首先，中國提供了大量高素質的廉價勞工，這是至為重要的；中國的科學家和工程師在研究發展及製造方面非常優秀，支持了該行業的迅速發展。其次，中國政府鼓勵外資企業在這個領域投資，提供低稅率的優惠政策。2001 年中國加入世界貿易組織，外資更容易進入中國，而且可以將產品直接在內地銷售，而無需依賴代理，外資如此經營可以降低成本。中國人學習能力強，當他們任職於外資企業時，勤於觀察西方的科技、製作

程序、管理方法及市場策略，很快便自立門戶，將所學習到的
加以應用。第三，在需求方面，不只是世界市場對科技產品有
所需求，內地市場本身亦正龐大及迅速地發展。舉例來說，無
論個人電腦的需求及網絡的利用，均在中國急速膨脹。我於
2002 年撰文（2002，頁 165）預測，至 2015 年中國將在每百
個家庭中擁有 21 台或是每百人口中擁有 7 台電腦。這個預測
與《人民日報》2003 年 7 月 22 日的報導相符，報導指 2003
年 6 月底中國有 6.8 千萬的網絡使用者，即人口的 5.3%，該
數字僅次於美國。此外，中國 38% 的網絡使用者擁有電腦，
這相當於人口的 2% [5.3 (0.38)]。2003 年中國網絡使用者的
數目增長劇升至 26%，以未來五年每年 26% 的增長計算，屆
時將增長 3.2 倍，顯示了 3.2 倍乘以 2，即 6.4% 的中國人口擁
有電腦。

　　以上說明了中國高科技產業的成長及其高速增長的原
因。中國從整體上說是一個經濟發展的遲來者，從先進國家中
學習到先進科技，受益不菲。人們可以預計中國的發展將仿如
蛙跳般前進，在無需消耗長久時間鑽研科技發明的情況下，其
發展會比其他國家更快。舉例來說，當引入高科技消費品時，
可以應用最新科技發展產品，諸如生產手機，就無需從家用電
話作為起步點再作鑽研，在外資的投入下，得以應用最新手機
科技，在內地迅速發展起來。

　　有關中國高科技爆炸性的發展，可以再看看以下外資的
數字。據《人民日報》2003 年 7 月 27 日的報導，前半年中

國出口高科技產品總值超過 440 億美元，比上一年同期增長 54.6%，佔全國總出口的 23%，比上一年同期增加 21%。電腦及電訊產品在高科技產品中佔 82.2%，比上一年同期增加 61.5%，總值達 361.6 億美元。其他產品經歷強勁增幅的有手機、電子產品及生命科技的產品。高科技產品中有 195.5 億由廣東省製造，其次由江蘇、上海、福建及北京生產。外資企業出口達 371 億美元，佔總額的 84%。日本汽車雄據世界市場，但人們不要驚訝，當中有不少中國製造的電子零件，亦佔有非常重要席位。

總的來說，中國的高等教育大體為佳，以物理、工程及部分的人文學科偏強，但社會科學偏弱。中國的教育素質持續改進，頂級大學的改革比全國高校整體更為快速。中國的自然科學頗為先進，科技也急速改良，高科技產業經歷明顯的增長。幾代中國人以科教興國作為實現現代化夢想的途徑，已大大地邁開了步伐，而且在未來更見光明。2003 年 10 月，中國航空首次實現載人飛行，楊利偉成功進入太空，中國人的科技水平明顯地向前跨進了一大步。（編者按：2005 年，首次進行多人多天航空飛行；2008 年，成功進行"太空行走"；2012 年，劉洋成為中國首位女航天員；2013 年，首次開展航天員太空授課活動。）

陸

THE GOVERNMENT
SYSTEM AND
PERFORMANCE OF
CHINA

中國政府系統及政績

　　本章將會首先講述中國政府是如何組織的。接着，再討論政府自改革開放以來的政績，從人們享有自由、選舉及政治權利，以及為人民服務這幾個角度來談。同時，我將談及自己與內地政府合作的個人經驗，之後再來談政府官員貪污及政治改革前景這兩個焦點。

中國政府是如何組織的？

　　中華人民共和國是由共產黨執政的。共產黨具有最高政治權力。

　　中國共產黨於 1921 年成立，當時由一批具有強烈民族主義理想的人士組成，目的在於推進中國走向現代化道路。經過半個多世紀的執政，之前那些主張以計劃經濟治國的理念，比起現在以市場經濟機制來促進經濟發展，已不再具有吸引力。中共黨組織以俄國共產黨為藍本，也在很多方面類同於國民黨組織。全國基層黨組織代表逐級推選上級黨代表，產生了中共中央委員會（2003 年第十六屆中央委員會約有 200 人），從中央委員會成員選出中共中央政治局委員（2003 年有 24 人），又從他們中選出中共中央政治局常委（2003 年是 9 人），這就是中國最高政治權力的一群。中共中央委員會由總書記領導。中國共產黨曾以主席為最高領袖，直至毛澤東的繼承者華國鋒於 1978 年被免去，而實行黨總書記制，標誌着共產黨取代了主席的絕對權力地位。

　　中共在全國處於領導地位，其實際表現在控制中央和地方政府，以及其他國家組織。中國政府由國家主席擔任元首，其執行機關是國務院，由總理領導，多位副總理協助，並由約24個部門及五個委員會（比部門具有更大範圍的責任且作用更重要）組成。中國立法的最高機關是全國人民代表大會，全國人大代表是由省級人大代表選出，而省級人大則由下級市縣人大選出，市縣級人大則由基層人大選出。中共中央委員會對國務院各部委領導提交人選名單、對人大立法草案提供意見，均行使其政治領導權力。全國各級黨的領導人均對地方權力機關及政府發揮類似的影響力。儘管近年來就政府領導人選及立法建議出現了一些不同意見，但是由於全國的人大代表差不多都是中共黨員，他們都傾向於遵從黨的建議以在人大會議當中發揮作用。

　　其他國家組織如國有企業和大學，黨委書記均設置於其中作為領導，與企業總經理及大學校長並肩進行管理。大致來說，黨委書記具有比企業總經理或大學校長更高的權威。除此之外，中國共產黨為了統領全國人民的事務，其組織深入至市區的街道委員會以及鄉村的村委會。從反面來看，這些黨組織可能違背了人們的私隱和自由。據說，以前為了實行人口控制的政策，他們居然連區內女性的月經週期也要監控。從正面來看，這些區委黨代表能夠幫助區內人們解決困難，尤如牧師幫助其教友一樣。例如，2003年SARS猖獗之際，那些黨組織能夠在全國各地監視病毒散播及病發的情況。

　　中國政府除了中央一級之外，還有省、市、縣各級地方政府。正式說來，省級政府直接聽從中央政府的指示，這與美國的州政府及聯邦政府的關係並不相同。省長候選人須經中共中央委員會及省級人大的批准，省長須依中央的命令辦事。當中央實施重要事項，諸如經濟改革的一些決定時，全國的省長都會被傳召到北京去聽取指示。具體實踐上，省長的獨立程度有所不同，部分基於歷史傳統。例如，南方的廣東省向來自主性較高。中央要為廣東省找一個省長，須挑選一個本地人或是至少為廣東省民眾所接受的人，而且，該省省長還可以保持一個較高的自主性。廣東省具有高度的自由是獲得中央政策支持的，1978 年鄧小平許諾廣東省在市場經濟的發展中，各項經濟改革要 "先行一步"。廣東人民因而一直較為自由，而且較少受限於中央的規矩。

　　中國有五個自治區：西藏、廣西、寧夏、新疆及內蒙古。它們與 "省" 同級，但比其更具自主性，區內聚集生活的是渴望自治的少數民族。中國還設有特別行政區：香港和澳門。英國和葡萄牙政府先後於 1997 及 1999 年將港澳兩地的主權歸還中國，之後各成立為特別行政區。中國共有四個直轄市：北京、上海、天津及重慶。由於地位顯要，這些城市直接由中央政府管轄。市、縣、鎮級政府則由省級政府主管。

　　《中華人民共和國憲法》於 1982 年 12 月 4 日由全國人大通過，《憲法》包括序言與四個章節。序言說："國家的根本任務是，沿着中國特色社會主義道路，集中力量進行社會主義現代化建設。"第一章第二條說："中華人民共和國的一切權力屬於人民。人民行使國家權力的機關是全國人民代表大會和地方各級人民代表大會。"第二十八條說："國家維護社會秩序，鎮壓叛國和其他危害國家安全的犯罪活動，制裁危害社會治安、破壞社會主義經濟和其他犯罪的活動，懲辦和改造犯罪分子。"第二章關於公民的基本權利和義務，第三十五條說明人民可享有"言論、出版、集會、結社、遊行、示威的自由"。第三十六條則提供"宗教信仰自由"。第三章關於國家機構，指出了中央和地方各級權力機關及政府的組成和功能，包括全國人民代表大會、國家主席、國務院、中央軍事委員會、地方一級的人民代表大會和政府，以及人民法院、人民檢察院。第四章由第一百三十六至一百三十八條，就國旗、國徽及首都分別作了說明。中國《憲法》經歷多次修訂，1988 年 4 月 12 日將第十一條修正為"國家允許私營經濟在法律規定的範圍內存在和發展"，以往只容許"城鄉勞動者個體經濟"而已。《憲法》還曾進行其他的修正。（編者按：現行憲法為 1982 年頒佈，並歷經 1988 年、1993 年、1999 年、2004 年四次修訂。）

中國《憲法》與美國《憲法》的相異之處，主要是中國的《憲法》由在中共領導之下的立法機關所通過。基於此，可以為讀者解答一些令他們疑惑的問題。《憲法》第二條"一切權力屬於人民"與共產黨領導政府的原則怎能相符？一種可能的答案是：在中國來說，不管外界同意與否，黨被假定是服務人民而且幫助他們來選舉人大代表的，這就是人民行使的權力。

從法律角度說，人民透過人大代表行使他們的權力。從現實上
看，中共在人大會議中提供指引，並領導他們作出選擇。

　　另一疑問是：在第二章宣稱人民擁有的自由及人權方
面，與現實中人民享有的自由有所分歧。第一章第二十八條賦
予國家維持公共秩序，可以鎮壓叛國活動及懲罰危害公眾安全
的行為，該權力可以被利用作為限制人民的自由。也許，不少
中國人對此的反感會比美國人少，因為習慣於集體主義的中國
人相信自由的部分限制是必需的，這有利於維護法治和秩序，
對公眾有好處。關於《憲法》條文及現實的施行，還有不少分
歧，乃歸因於政府的工作不足。不少中國人民包括中共黨員認
為，共產黨及政府均未充分執行其職責，須大大改善，才能使
《憲法》的原則貫徹於現實之中。

　　我將於本章稍後再討論中國的立法系統，其司法系統於
第三章探討經濟體制改革時已談論過。

中國政府的政績

　　中國的政府有多好？我將從中國人民面對當前政府的管
治，在“政治上”能享有的三個利好因素來回答。這三個因素
包括：（1）自由；（2）參與選舉政府官員的能力；（3）政府
政績及對人民的作為。我覺得從這三個要素切入，比根據一
些定義來談論中國政府是否是一個“民主政府”來得更為有意
義。首先，自由是民主社會中一個非常重要的成分，但是，非

民主的政府亦可賦予自由，正如在英國殖民管治下的香港人可享有自由但政府並不民主。必須注意的是，美國人對政治的要求，首要是自由；但中國人對理想政府的要求，還包含其他要件，我們將稍後討論。其次，民主社會須具備的另一重要條件是可讓人們選舉政府官員。我要強調，最好是考慮民主理念中的重要內涵，比特定地談論一套程序以視作民主的表現為佳；因為所談程序要是只根據某一國家傳統或實踐來談，代表性不足（而現實中尚未有真正具備普遍性的民主程序）。美國政府對於上述兩個美好的政治要件已透過重要的機制，把民主實踐出來。第三，不同政府面對同一政治體制（包括民主機制），也可以做出不同的效果，因為一個政府可以比另一個更好地服務人民。儘管政府體系的性質本身可以比官員的表現重要，但是特定官員在某一時期的卓越表現也可以非常顯著。我強調"可以"是因為民主亦可能產生非常差劣的領袖，三十年代德國的希特勒正是由民主社會透過選舉產生出來的獨裁者，而德國以至整個世界本可以因為一個慈愛的元首而變得更美好。

以下的討論將強調當前中國美好的政治景象，而不是談其過去。中國政府所犯的部分錯誤已於第一章談及。1978 年中國實施經濟改革政策後，共產黨及其意識形態慢慢開始轉變。中國政府也有所變化，而且變得愈來愈好。共產黨面對改革開放的困難，與中華人民共和國建國時所面對的不同。共產黨在執政初期主要是對政治及經濟權力基礎進行破舊立新，現在共產黨掌權，而且從搞革命的失誤中吸取教訓，已熱切於建設而多過於破壞。中共過去大部分的失誤都是破壞性舉動，關於這方面記載的書刊多不勝數，我不再細數它的過失，而是對當今的政府進行評估。讀者有興趣瞭解中共過去統治時期所發生的災難，可以從互聯網中以 "大躍進" 及 "文化大革命" 搜索得知。

自由

在談論中國人享有多少自由之前，我先要提醒一下大家，各國人民對自由的渴望程度不同，而且人們會視乎環境而改變。更多的自由並不一定是好事。自由有其反面意義，不光是因一人的自由會侵害另一人，而且社會的終極目標並不一定是追求個人自由本身。從中國文化的角度來說，責任比自由更為可貴，個人主義並非常規般被視為一種美好事物。即使是1949 年中共建國之前，也是如此。個人自由未必比集體利益重要，但兩者至少被視作同等重要。中國人的價值觀念是由於其歷史傳統及人們周遭環境而鑄造的。

2001 年 9 月 11 日，美國發生被恐怖分子襲擊世貿大樓的悲劇。事後顯示了美國人一向強烈追求的自由，亦會因應環境影響而改變其價值觀念。旅客不能隨意上飛機而須被先行搜身，不少美籍伊斯蘭人被嚴密監控。美國人的自由因 "九一一" 事件後政府干預而縮小，人權支持者對此予以控訴。美國新設的國內安全部門，令人回想到中國《憲法》第二十八條賦予國家 "制裁危害社會治安、破壞社會主義經濟和

其他犯罪活動"的權力。在中國社會裏，儘管內地政府不時藉
維護社會安全為名而不適當地限制個人自由，但是人們仍然視
維護社會秩序比自由更為重要。中國人同時重視責任與容忍，
他們一般對個人自由最大程度的渴求少於美國人。社會秩序必
須先於公民所享有的自由。由於在中國對於維護社會秩序的需
求較大，所以中國人面臨對自由的限制較美國人為多。

　　面對當今社會環境，中國人的自由是否足夠？可以肯定
的是，在六十或七十年代，人們的自由受到嚴重限制，中國
政府飽受批評。中國人沒有搬遷自由，工作不能隨意選擇或改
變，也不能自由出國，沒有言論、結社或宗教自由。在每個城
市的每幢大廈以及每個鄉村裏，都受到嚴密地監視，但上述種
種的限制現已大為放寬。

　　今時今日，中國人民可以在國內及海外自由旅行，不少
人更到美國留學。他們能夠頗為自由地選擇或變更職業，儘管
不少人基於國有企業提供的福利制度，能享有種種優待而沒有
選擇轉換。當今人們亦能私下暢所欲言或是在專業會議上公開
討論而無懼受到監控。例如，一名中國經濟學教授在 1999 年
北京的一個學術會議上發表論文，可以公開地批評馬克思主義
經濟的基本教義——勞動價值的理論。中國人也享有某一程
度上的新聞自由，非官方的報刊近年快速發展而且吸引大量的
讀者；這包括了日報、週報、雜誌及書籍，意見的發表是相當
公開而自由的，只限於很少程度的封鎖，對西方書籍的審查幾
乎不存在。不過，對於公眾的資訊獲取依然要控制，對電視、

電台及互聯網仍有監視。無論如何，控制是有限的，因為所有中國人均可透過短波收音機聽取海外訊息，而且當局不容易對全國傳真機和互聯網所流通的訊息作全面堵截，靠近香港的中國人更可通過收看香港私營電視台播放的新聞和節目，瞭解西方最新動態。

基於《憲法》第二十八條賦予國家鎮壓叛國及其他危害國家安全的犯罪活動，即對從事反對國家或共產黨的人，限制其自由，任何人不得支持推翻共產黨的活動。在中國存在一些曾被視為反對政府行為的政治犯，那些不同政見的人士包括嘗試推翻或支持推翻中國政府者。除了針對推翻政府的活動之外，中國人大致上是自由的，無論在言論上，還是建立私營企業、寫作、印刷、聚會、宗教、到全國各地或海外旅行等，都相當自由。

如果人們對當今中國人所享有的自由量與 1949 年中華人民共和國成立之前作比較，可以總結說，也許 1949 年之前會多出一些。在國民黨統治時期，中國公民事實上亦會因推翻國民政府而被處決。當時人民可享受較多的自由，是由於國民政府沒有太多的權力，不足以有效控制到中國人民的方方面面。政府並沒有派代表到城市的街道或鄉村去監視人們，也沒有限制每個家庭的孩子數目。政府管制人民經濟活動的官僚系統亦較小，傳媒雖然不許支持共產黨但也算較為自由。正面地看今天的中國社會，人民現在較為富裕而且教育程度也較高，人們可以旅遊和行使他們的自由權利。雖然當今政府比國民政府更致力於控制傳媒，但時下當權者已更難面對先進科技之下資訊的流通。

1980 年中共實施一個家庭生育一個孩子的政策，近年已稍作放寬（編者按：2015 年已逐步放開"二胎"）。對我來說，一孩政策是一項嚴重違反個人自由及人權的事情。即便如此，當我在內地就人口政策作演講時，大多數均支持政府的一個孩子政策。他們中不少人認為，該政策是必須而且是渴望實施的。我於第四章曾討論我所持的反對意見，所以，我視之為對自由的限制，但其實對大多數中國人來說並非如此。大致來說，中國人不是西方觀察家自己所猜測的樣子，並沒有提出太多欠缺自由的控訴。

與自由相關的是人權問題，廣受西方關注的包括西藏、法輪功及一些不同政見人士入獄等問題。中國人的意見與西方觀察家相異。關於西藏問題，大多數中國人均支持政府的說法，認為西藏是中國的一部分。部分人認為，某些宗教領袖在西藏利用宗教自由作為政治獨立的藉口。我可以補充說，有些中國人相信中國已存在超出政府所容許的宗教自由，如今甚至出席基督教教會的活動也已大大增加。關於法輪功，絕大部分受教育的中國人包括那些在美國留學或工作的，相信法輪功是一個宗教支派，而且會對社會構成威脅，他們傾向於支持政府並對其採取懲戒措施。至於政府對待政治上的不同政見分子，要視乎是哪一個人及形勢而定。中國政府願意聽取建設性的意見，包括曾在香港擔任美國商會會長、普林斯頓校友康原

（John Kamm）的建議，在沒有批評中國政府的情況下，他能夠成功地與內地政府官員合作，於八十及九十年代釋放一批知名的政治犯。自從 1998 年，中國已與聯合國人權委員會合作以提高國內人權狀況，有關內容刊登在該委員會《2002 年年報》第 87-89 頁。

多數中國人並未將人權視為一個重大問題，有些知識分子對於國外批評中國人權問題而感到反感，他們也能夠輕易找到一個國家現在或不久前曾侵犯人權的例子。中國人現在非常關心的，是如何在一個穩定的政治環境下改善經濟狀況，而且傾向於將有利於大眾的法治及秩序搞好。至於政府的行為，他們更關心政府的表現如何為他們提供便利，多過於個人能獲得多少自由，這就是我即將談到的關於政府的第三方面。總的來說，只要政治穩定人們就可以有賺錢機會，政府能為他們帶來經濟效益，中國人對此已頗為滿意。西方觀察者要想得知中國人對政府的看法，不妨問問到美國訪問或留學的學生，這是其中一個方法，雖然在抽樣上未必能代表全中國人口的各個階層。

選舉及參與政府的管治

關於政府系統的第二方面，人民選舉政府代表及官員的程序，其重要性可視乎社會情況而定。中國公民對此的重視程度比第三方面少，即人們更關心政府給予他們什麼好處，這一點很快會談及。

中國人可以透過多種途徑影響政府的事務。首先，在村一級的範圍上，現已廣泛地實施直接選舉。農民直接選出官員管理其村落，不過該直選方式尚未在村級以上的政府部門實施。這種自下而上的民主方式是在八十年代早期由於公社制度崩潰後而引進的。村裏的民政事務原先由公社管理，像民眾安全、公地保護等必須得到照料。公社制度一旦失效，村民很快就要求直選幹部來管理這些事宜。幹部由黨組織提名，但個人如非黨員也可以尋求提名，且事實上不少都能選上。根據西方對民主的定義，中國的鄉村一級政權算得上是對民主的實踐。這是真正意義的選舉，因為村民都知道要選誰，而且，黨基於自身利益亦期望能幹及有聲望者勝任，以便好好地管理村務。但儘管如此，直接選舉政府官員基本上尚未在村一級以上實施。

其次，全國各級人大代表由選舉產生，雖然並非全部是直接選舉。只有最基層的人大代表是直接選出，上級人大是由下一級別的人大代表選出。最基層的人大包括城郊的村落及城市的各區，均是直接選舉產生人大代表。鄉村和城區之上的是鎮、市及省級人大，全國人大是最高的權力機關。全國數以百萬計的各級人大代表中，只有少部分人大代表不是共產黨員。究竟是直接選舉好，還是間接選舉出這些不同層級的立法者為佳呢？實在很難回答。中國大約有五成的人口（2011年數據）居住在農村，對於鄉村一級以上的政治事務未能參與或知曉，不少人對選舉不感興趣，或是對全國性或省級候選人沒有充分的認識。

　　第三，共產黨的幹部亦是間接選出的，由下級組織的幹部選舉上級領導。平民百姓可以參與政治事務，首先要加入共產黨，然後在間接選舉的過程中參與。要成為共產黨員亦不容易，至 2011 年，在內地只有 6% 的人口是共產黨員。被選拔為黨員，條件相當嚴格，而且被視作一種榮譽。中國實施共產黨一黨專政，設有中國人民政治協商會議（簡稱全國政協），羅致共產黨及黨外人才，為全國性事務和政府政策進行評議。政協委員是來自各黨派、各行各業、不同民族的有影響性的公民，由共產黨提名。政協與人大同時對政府施政建議進行投票，政府對於他們的評議須認真回應。依據中國國情，實施一黨制有多好並不容易說清楚，但是一般中國人已習以為常。自九十年代末以來，共產黨已接受私營業主，即資本家，成為黨員。中共也擴大政治參與的機會，包括提名非黨員擔任各級政府要職，使政府系統得以改良。共產黨還考慮改革中國政治制度，將走向民主機制作為重要使命，這點我將於本章之末談論。

　　在結束本節談論一黨專政的官員選舉方式之前，我須提一提中共如何有秩序地將領導地位交予新一代。一些西方觀察者的看法是擔心中國的政治領導繼承出現問題，然而，中共多次歷史性繼承已顯得平穩有序。毛澤東於 1976 年 9 月病逝前，已委任華國鋒繼承其黨主席的位置；華國鋒就任不久，由於鄧小平得到黨內高層的支持，可以發揮較大的影響力，所以由他擔任實際領導。這種權力轉移又是和平進行的。其實，華國鋒二十多年來只維持是一名中共中央委員會的成員而已。1978 年鄧小平處於強勢，拉開了經濟改革的序幕，至 1997 年鄧小平病逝，指定由江澤民擔任總書記，順利地實現接班。2002 年總書記的職位，經中共中央委員會選出，由胡錦濤順利接棒。至 2012 年，則由習近平接任。從共產黨內間接選舉的過程可見，這是中共選舉領導人的一個適當的方式，包括總書記，過程是一步接一步的。要成為總書記，須得到中央委員會成員的支持，中央委員會選舉政治局，從政治局中選舉常委，在常委中產生（推選）黨總書記。中央委員會的成員是高層兼具管治國家或省級事務的能手，他們被下一級的黨組織選舉出來。這說明了中國政治結構的穩定性。

政府為人民幹了些什麼？

關於政府系統的第三方面，在於政府提供了什麼政治福利，這也是被中國人視為最重要的一項。中共政府雖然在過去犯下巨大錯誤，但亦為中國人民幹了不少好事。中共最大的成就是將全中國統一。1911 年滿清政府被推翻之後，中國在政治上一直四分五裂。軍閥在全國各省割據，抽取繁重租稅自肥，政治不穩，人民並無安寧。在當時和現在來說，國家統一對中國人非常重要，因為政治穩定才能維繫社會秩序，而且對發展經濟及社會至為重要。生活於安定社會的人們也許並未察覺到它的重要性。

自 1948 年以來美國人已習慣於安定的社會，但對我來

說，多次到訪中國才令我更體會到治安穩定的重要。有幾次的
經歷令我印象深刻。1982 年我正在廣州訪問中山大學，並準
備到訪武漢大學。我需要向武漢大學發出一張電報告知到達的
時間，我在途中請求主人家讓我下車到郵局寄出。他多次說要
讓他來辦，可我堅持要自己處理。當我進入郵局時發現人們並
沒有在服務柏前排隊，我根本無法走到前面遞上電報的草稿，
最後由我的朋友在混亂中鑽到前面去，他很容易就把電報發出
去。我是多麼渴望有警察在維持秩序呀！第二個經歷是 1985
年我和太太國瑞訪問山東省孔廟，一個導遊前來向我們介紹孔
廟的特色，附近的人們也慢慢上前圍着導遊，使我和太太遠離
導遊，由於隔得太遠而無法聽到他的講解，這又是混亂一片。
第三個例子是我在北京坐車到圓明園旅遊途中，當快到目的地
之際，道路竟然被非法封鎖了，而由本地人前來收取路費，我
們的司機須上繳過路費否則不能通過。由本地人向外來車輛榨
取各種過路費用，無論在過去或是現在均頗為普遍。中國實在
需要一個強有力的政府來制止這類事情的發生。

　　中國人訊息不靈，又不守法，政府已意識到執法是一個
重要問題。2003 年 6 月 29 日《人民日報》報導全國人大委員
長吳邦國的講話說，"法律制定出來以後，不只是讓人看看，
更不能變為只是在書架上擺着的本子，而應該也必須真正成為
依法治國的基礎，成為依法行政、公正司法的準繩，成為全社
會一體遵循的行為規範"。他又說，"立了法，怎樣讓老百姓
知道，真正為民所用，怎樣讓國家機關及其工作人員掌握，是

一個迫切需要解決的問題"。他強調，要使法制宣傳教育植根於實踐的沃土中，生根、發芽、結果。如果上述個人經歷及官方的講話尚未足以令讀者明白社會秩序的重要，我可以指出中國對知識產權的侵犯，非法販賣翻版的電腦軟件、音樂及電影CD，那麼各位應可深切體會了。

第二，中國政府讓中國人感到驕傲。1840 至 1842 年中國在鴉片戰爭中受挫之後，對外戰事連綿，導致中國須與列強簽署不平等條約，放棄土地權利包括鐵路建設和內河航運權等。最重要的一役是 1895 年的甲午中日戰爭，日本奪取了朝鮮及台灣，這兩地原都是中國的勢力範圍。中國人民對此深感恥辱，而正是中共政權最後恢復了他們的尊嚴，此舉至為關鍵。基於此，中國人願意放棄一小部分的個人自由。他們期望一個強有力的政府能在國內維持秩序，以使他們感到作為中國人的驕傲。中國人的民族主義相當強烈。

中國人還希望政府為他們謀取其他福祉。在任何一個經濟體系下，政府最重要的功能包括：（1）建立經濟和社會基建；（2）提供社會福利；（3）促進經濟穩定和增長；（4）當私人企業尚未具有足夠人力或資金在國際市場競爭上時，政府應建立或至少挑選一些企業或行業，使其更具競爭力。

最後這個功能亦即工業政策，信奉自由市場體系的經濟學家早就對此提出質疑，因為在自由市場之下應由私人企業單獨決定投資哪些新項目。無論如何，一個發展中的經濟社會，其資本市場可以是有缺陷的，它在私人領域並未聚集所有人才及所需的資金，那就需要政府進行調節。

從第一個功能看：建立經濟及社會基建，中國政府的記錄已算不錯。就社會建設來說，根據表 5.1 可以看出，自 1949 年以來，學生入讀率快速增長。按英文版《人民日報》的網站（http://english.peopledaily.com.cn/），在“中國簡報”之下的“教育”一欄，官方統計顯示文盲率從 1949 年的 80% 到 1997 年已大幅下降至 12%。中國人民的健康狀況也大為改善，由於衛生條件的改進，以及將食水煮沸後才飲用的習慣更廣泛地接納，依表 4.1 看，中國的死亡率大幅下降，由 1952 年每年 17‰ 下降至 2000 年 6.5‰（編者按：2012 年則為 7.15‰）。經濟建設方面，在計劃經濟時期，興建大量工廠，逾十萬公里鐵路及高速公路建成，郵政及交通系統得以大大擴展。

1978 年後，中國政府成功地引導全國進行經濟改革，由計劃經濟走向市場經濟。中國在經濟改革上取得顯著的成績，原因在於政府系統的穩定，以及政府各級官員超卓的才幹。有能耐的官員得以選拔去為政府系統增添佳績，我們在這一章較早前已談論過。通過共產黨與政府間接選舉的制度，有能力的人得以在崗位上發揮所長。當然，這只是一般性的，也有不少例外，比如有些人利用私人關係奪得崗位。

至於第二個功能：提供社會福利。從計劃經濟時期至 1978 年，農民在公社制度下獲得醫療保障，城市居民則被分配到國營企業或國家組織工作，由所屬單位提供醫療、退休及近乎免費的住房安排等。當時農村實行三層的醫療制度，由

"赤腳醫生"醫治簡單的疾病，地方診所及城市醫院則治理較嚴重的病情，就這樣涵蓋了全國農村人口的醫療問題。城市方面，診所及醫院的服務與國營企業掛鈎，這種福利制度在經濟改革後由於國有企業改組而逐步停止。自九十年代中期以來，中國政府嘗試建立一套綜合的社會保障制度，由勞動及社會保障部門進行中央管理，由中央政府撥出部分資金成立社會保險金。1997年中國成立為企業職工退休而設的保險制度，資金由企業和職工個人定期支出，企業撥出所發工資總額的二成，而僱員則上繳工資的 8% 予基金。參與該計劃的職工由 1997 年底的 8,670 多萬，增至 2001 年底的 1.08 億人，平均每人每月基本撥款達 556 元人民幣（編者按：至 2014 年，參加養老保險的已達 8.4 億人）。

1998年中國為城鎮職工成立一個基本的醫療保險制度，資金來自僱主及職工，分別為工資的 6% 及 2%。2001 年底，近 7,630 萬名僱員參與該項基本的保險計劃（編者按：至 2009 年底，城鎮職工基本醫療保險參保人數為 2 億多人）。1 億的城市人口亦可依賴自由的醫療市場及其他種種形式的醫療系統取得服務。1999 年政府又引入失業保險制度，僱主和僱員分別投入工資的 2% 及 1%。至今，由於整體的系統尚未完成以及只作有限的運用，暫時很難評估中國社會保險系統的成效。我們只能說，中國政府已朝着保障人民的方向盡了很大的努力。經濟學者亦未必同意設立全部的社會保障制度，有的認為政府應扮演有限的角色，反而應由個人擔當重要角色，自行儲蓄及由私人購買各類保險基金。

關於政府的第三項功能：提高經濟穩定及增長。自 1980 年來，政府已致力於建立一個現代化宏觀調控機制來代替中央計劃體制。政府對經濟的宏觀調控工作一直能保持穩定，至今水平仍屬合理且良好；當然，其間也有例外。當中一個重大的失誤是於 1988 年秋天出現嚴重的價格通脹，原因是多年來貨幣供應增加，隨之信貸規模膨脹。通脹及官員貪污是導致北京市民不滿而上街遊行的兩大重要因素，並最終演變成 1989 年 "六四" 風波。中國經濟增長的記錄驚人。中國人的勤奮努力促成經濟增長的成就應記予一功，而政府所策劃的經濟機制能充分調動民間的積極性。一些重要的市場機制，例如農村家庭承包責任制及鄉鎮企業等，均是從下而上啟動起來的，而中央政府意識到他們的訴求也容許他們去發展。

對於政府的第四項功能：在執行工業政策時對特殊行業進行扶育及直接向私人企業投資。中國的傳統是由政府官員對私人領域作調動及導向投資。清末時期，中國鐵路的興建部分是由交通銀行來融資的，該銀行由清朝一名部長梁燕孫所建立。梁氏目光遠大，能集結一群私人投資者成立私人銀行。梁多年來是董事局主席，該行目前仍在內地及台灣經營。另一個例子是，曾就任台灣政府多個經濟職位的李國鼎，致力於建成高雄經濟特區以吸引外資，又興建新竹科學工業園以培訓技術人才和發展高科技行業，這兩項均被公認為相當成功的項目。李的首項經濟特區的建立更影響到中國內地成立特別經濟區，包括設立在鄰近香港的深圳；後者則促成於九十年代成立了台灣積體電路製造股份有限公司，其淨值相當於 2001 年台灣股市總市值的十分之一（編者按：2011 年，其市值約 1,000 億美金，為台灣市值最大的上市公司。2013 年，其集成電路製造服務市場佔有率為 46％，為全球第一。台積公司的營收約佔全球集成電路製造市場的 60%）。

　　中國政府於計劃經濟期間一直指導重工業的發展。七十年代末中國政府展開經濟改革後，察覺到提倡輕工業的重要性，並主張生產消費產品。近年來政府又嘗試提倡高科技，鼓勵企業自行投放資源從事研究及發展，這方面在第五章已有所詳述。此外，政府又引導國有企業及力促外資生產高科技產品。雖然中國已實施市場經濟，但政府仍在對某些行業及某些地區經濟發展的指示中扮演着重要的角色。以政府鼓勵“西部大開發”為例，其功能就包括：（1）建立經濟基建，或是（4）扶助私人投資及作出產業導向。

與中國政府合作的個人經驗

　　直至上世紀七十年代末，我對中國政府的評價都是非常負面的。正如其他觀察者一樣，我知道中國犯了不少錯誤，我於第一章中已述及。我對中國不少的政策及施政原則也不大贊同。直到 1980 年後我多次親身到訪中國觀察，並與中國一些官員共事，我對內地的看法才變得稍為正面。而且，七十年代末以來，中國政府自身也有所改變。本章節將向大家分享一下我的個人經歷。我曾與教育部（1985-1999 年間是國家教育委員會）以及國家經濟體制改革委員會（現已擔任較輕的角色，而且已成為國家發展和改革委員會的一部分）官員接觸。我到訪過中國五十多次，與數以百計的政界、商界及教育界各階層的人士交往，包括中央政府官員、省長、市長、國家企業及銀行管理者、中國社會科學院和中國科學院的院長及行政人員、各間大學校長及黨委書記等。

　　我首次正式地結識內地教育官員，是在 1983 年 10 月，當時由教育部的經濟及法律教育局主任和外事局局長率領代表團訪問普林斯頓大學（以下簡稱普大）。中國教育部當時是國務院約 50 個部門之一。部門數目相當多，原因是在中央計劃經濟之下每個重要行業需要一個部門來指揮。這些部門負責農業、漁業、林業、煤炭業、石油業、化工、金屬、輕工業、紡織業、機械建設、電子、核電、航空、軍用產品、航天業、地質及礦產資源、水利及電子能源等。要全面瞭解各部名單，可參看 Chow，2002，頁 40-41。各部之下分為多個廳級，各廳級之下是多個局級。經濟及法律教育局是在教育部的高等教育第二廳之下，該局局長有權力調整全國所有大學的經濟及法律教育。每個外訪團體都由該部外事局主管陪同及率領，負責主管財政開支及訪問團與外方聯繫（編者按：2013 年，中國第十二屆全國人大會議後，國務院部門減少至 25 個）。

　　其實我早已與內地政府官員會晤過，我第一次到中國是在 1980 年暑假，由賓夕凡尼亞大學的教授 Lawrence Klein 率領七名經濟學者到中國社會科學院講授計量經濟學，聽講的大約有 100 名學者，由 30 至 60 歲不等。我在北京授課結束後到中國五個城市旅行，並與許多中國學者見面，有些是在中國社會科學院設於各地的分校接待我們。我與時任副總理及國家計劃委員會主任姚依林見面，他表現積極，能夠理解市場經濟的運作，令我印象深刻。該次會晤只是半小時，並不足以讓我做出可靠的評價。當我見到副總理姚依林時，我非常熱切地告訴他中央計劃並非有效體制，應給予國營企業自行決定生產的自主權。我說足了一分鐘，姚總理點頭及微笑，說："我同意你。"我知道我尚未能體會到姚多年來在領導實施計劃經濟時對經濟學的領悟。1982 年暑假，我花了一個月到中國五間重點大學授課，但大部分還是與中國社會科學院的大學行政主管、學者等交流。我發現在每間大學及社會科學院有一批管理人士非常能幹，使我感到中國在選拔管理人員的機制上，總的來說應是不錯的。

1983 年 10 月 20 及 21 日教育部來訪普大，是令我感受很深的一次。兩個局長飯後來到我家，並告訴我他們計劃將中國的經濟教育現代化。我對此感到很興奮。當時的中國只教授馬克思經濟學而已；對我來說，能為中國介紹現代經濟學並教他們市場經濟的功能，實在是很有吸引力的事。我願意於 1984 至 1986 年的三個暑假分別前去教授微觀經濟學、宏觀經濟學及計量經濟學。這三門課均是美國所有大學經濟學博士課程的首年必修科。這兩位局長均有意接受我的提議，外事局局長還答應為這三個暑假的工作坊（他們稱之為“座談會”）找到資金支持（後來我通過普大校長 William Bowen 及 Alfred P. Sloan 基金主席 Albert Rees 取得贊助）。1984 至 1986 年，尤其在暑假的時候，我與這些教育官員做足準備，大家打成一片，努力辦好這幾個暑假座談會。

　　想要更詳盡瞭解我與中國政府主管經濟教育及經濟改革的官員的合作情況，可以參看 Chow，1994，第四及五章。通過這些座談會和九十年代其他的合作項目，我與教育部一大班官員，包括其間數名部長及副部長等取得了非常密切的合作關係。我的第二個合作項目是幫助中國研究生赴美國及加拿大攻讀經濟學博士學位（這些學生須通過教育部的一個考試，考試內容是基於我在 1985 年撰寫的經濟學教科書，並由我提供考試題目，考生視之為一個非正式的 “Chow test”）。第三個合作是，在北京及上海開辦了兩個經濟學培訓基地，為研究生提供為期一年的培訓，課程由福特基金會提供經濟上的贊助，行政管理由中美雙方負責，我則作為雙方組成的委員會主席。經過多年合作，我認為教育部的同事均非常能幹又開明。

　　我與中國緊密合作的第二個經驗是與主管經濟的國家經濟體制改革委員會合作。該委員會成立於 1982 年，由時任總理趙紫陽擔任主任。在八十年代中期該委員會是國務院最重要的委員會，位於國家計劃委員會（過去一直位居要首）及國家教育委員會（1985 年由教育部升格）之上。當時國家經濟體制改革委員會由總理擔任主任，而國家計劃委員會則由副總理牽頭。經濟改革被中國政府視為最重要的任務，總理非常能幹，也許是我曾會晤的政治領導人之中最能幹的之一。

2001 年 5 月我在芝加哥與著名經濟學家密爾頓・弗里德曼（Milton Friedman）聊天時，大家都說很喜歡總理趙紫陽。簡單地回顧他的政績後，我說必須給趙一個 A，弗里德曼瞧着我說："給 A 算是什麼意思？應該是 A$^+$。"我想了一下，也更正了自己的說法，然後說："是的，A$^+$ 才正確。"我之前對他作出較保守的評價，是基於他有兩件事本應做得更好。首先是 1988 年趙紫陽在其總理任內出現了嚴重的通脹；第二，

1984 年 7 月 5 日，作者（左）與時任中共中央總書記趙紫陽商討經濟教育與價格改革。

1989 年趙紫陽對於學生政治運動處理不當。當時他作為中共中央總書記，容許學生佔領天安門廣場的時間太長，而一直沒有採取合適的解決方法。事實上，他在 "六四" 事件中已變成一個受害者，但無論如何他須為未能有效地解決危機負上一些責任。儘管如此，我還是察覺到他的經濟觸角敏銳，在討論時反應快捷。趙紫陽將中國的計劃經濟過渡到市場經濟，他的才華是我所會晤過的眾多政府官員所無法比擬的。至今為止，我依然評他的能力為 A$^+$。

我與趙總理的首次會晤是 1984 年在北京大學以微觀經濟學為主題的研討會上，我們當時就經濟學教育、經濟改革問題尤其是價格體制交談了 45 分鐘。我當時還提到香港的前途問題。基於該次並非單獨會晤，在場不便談及敏感的話題，我後來就寄信給趙總理提出我對外匯體制的看法。1985 年 7 月趙總理邀請我和家人（我的太太國瑞，兒子善智及女兒美美）出席晚宴。我們談了很多事情，但最重要的是趙總理提議邀請海外經濟學家參與經濟改革。我當時頗為天真，以為這只是一場交際活動，還非常放鬆，喝了不少茅台酒。我聽了也不知如何應對，就向趙說："我們怎樣參與經濟改革呢？又沒有足夠的經濟數據？" 我告訴他說，曾造訪統計局，但未能找到相關的經濟數據；趙則回應說："他們沒有必要告訴你他們擁有的所有數據。" 關於這個議題的談話就這樣結束。我返美後才明白趙總理這句話的重要含意，於是立即回信（我以中文手寫信件，透過美國郵局發出，之後我多次這樣回信），答應幫忙；

趙總理親筆作覆，建議我與他的副手、經濟體制改革委員會副主任及另一資深委員展開合作。趙的親筆信可於我 1994 年的著作中看到（頁 98）。接着，我與這兩位官員及委員會的成員緊密合作，分別於 1986 年 1 月、7 月及 1989 年 3 月一起共事。

　　1986 年 1 月我首次與委員會官員及海外經濟學家在香港見面，討論為期整整五天，有時討論延續至晚餐時間。第二次於同年 7 月作另一個五天的探討，地點則選在北京。第三次則在香港進行了三天，以討論控制通脹作為主要議題。當時選擇在香港與北京官員會談，是希望讓台灣的經濟顧問能參與討論，他們早在蔣介石時代已作為顧問，經驗豐富，又能說中文，在明瞭中國文化的傳統下反思中國的經濟政策。我和這些台灣顧問於六十年代後期至七十年代後期有過多次暑假聚會，為台灣政府提供經濟事務上的建議。由於他們當時仍然活躍於台灣政壇不便到訪大陸，所以選在香港，終使兩岸經濟專家得以溝通。會談涉及內容廣泛，包括價格體制、國有企業、銀行和金融、外國投資與貿易（包括外匯政策）、經濟特區及市政房屋等。經與委員會多次密切交談，以及之後與趙紫陽多次會晤和通信，我能感受到中國高層官員能幹、有為。

　　趙紫陽於 1989 年 "六四" 事件因政治失誤而被免去總書記的職務，但我與國家教育委員會的合作仍在持續。美國及中國學者早已計劃於該年 8 月一起在北京開會探討經濟學的教育及研究問題。所有五名美國成員均啟程前往北京，並未理會美國國家自然科學院要求暫停與中國進行文化交流的呼籲。我們認為，到中國是一項重要的事情，我們一行要繼續促使中國經濟學教育現代化，這是非常重要的。會議內容涉及北京的人民大學和上海的復旦大學為經濟學研究生設立培訓中心的有關運作（該項培訓課程舉辦至 1996 年福特基金停止提供經濟援助為止），以及其他的交流活動等。中方合作夥伴坦誠地告訴我們說，前景是不明朗的，須考慮到政府政策的指示，包括與美國交流的政策。我們是次到訪，向他們及中國高層政府官員表達了我們保持未來繼續合作的真摯期望。事實上，我們還簽署意向書，決定在未來三年繼續合作，儘管當時的三年合約仍未完成。

　　1989 年 8 月我到達北京後不久，在傍晚接到一個來電，邀請我與新上任的總書記江澤民會晤，其餘四名美國學者也一同獲邀。翌日早餐時我告訴同伴此事，他們全部拒絕參加，結果只有我一人應邀出席。我與江澤民會晤的圖片可在我的網址 www.princeton.edu/~gchow 看到。我當時並沒有考慮政治上的意識形態問題，只考慮要在中國繼續辦好我要做的事。之後，我再次與中共中央總書記兼國家主席江澤民會面，同時與總理朱鎔基、多位副總理及不少中層官員交談。不少美國人對於江澤民與朱鎔基都很熟悉，可以自行判斷這些高層領導的表現。

　　依我與中國政府官員交往的經驗，他們的素質大都是優秀的。可從三方面來說：首先，當實施經濟改革初期，中共領導層決定要加強人們的教育水平，提升大學教育，將之視為重要目標。差不多所有局級或以上的官員均持有學士學位。第

二，當趙紫陽就任為總理及總書記時，選拔了一些有才幹的人
士進入政府系統，當天安門事件之後，大批人才並沒有因趙的
下台而遭受撤換，被革職的只有少數。第三，中國擁有一個龐
大的人口，可從中挑選有才能的人當公務員，而政府選拔的過
程尚算良好。正是因為中國政府官員具有卓越的能力，才能成
功地將中國的經濟及教育體制改革起來。官員還致力於維持中
國的法治和秩序，在改革中擔當了重要角色，為中國人創造傲
人成績。在他們的領導之下，中國的經濟已快速增長，促使她
在國際上扮演着更具影響力的角色。對於中國人來說，這些成
績已值得讚賞，當然有些高層官員的工作仍可做得更好。

貪污問題

雖然不少中國官員能幹有為，表現稱職，為中國經濟增
長立下汗馬功勞；但是中國官員貪污也時有所聞。當貪官問題
達到人民不能忍受的程度時，將會摧毀社會結構，造成政治不
穩。中國政府也將貪污當作嚴重問題看待，而且努力肅貪，但
不容易取得重大成功。貪污的原因在於中國的政府官僚、國有
企業及商業銀行主管面對太多誘惑，眼看大量經濟利益經他們
手中流向社會，便在行使權力之際擅自抽取回扣。當官員在違
反法規或慣例的情況下收受利益，貪污便發生。這個定義須視
乎法規或社會慣例，在不同環境下會有變化。

一般來說，中國政府官員與社會私營機構中能力相若者在

薪酬上相比偏低。對於政府官員依據慣例向私營機構"溫和"收費以換來滿意的服務，中國百姓其實不會因不滿而投訴。對於這種情況，市民其實已差不多視為服務費而甘願付出。中國人反對的是官員要求一些不合理的收費，或是將大量公共財富轉移到他們私人名下。雖然中國的貪污問題嚴重，但並非大量的政府官員都在貪污，部分原因是他們在職務上並沒有機會向他人收受經濟利益，另外也由於他們接受適量及合理的補償並不會被視為貪污。一個教育部的局長能決定全國重點大學的經濟學課程，但其在位時不可能向個別教授或經濟系主任收取利益，因為沒有人需要以行賄該名官員來改變課程的規劃。

　　不少生意人在內地經商，均有準備或習慣於行賄以求解決經商難題。商人在亞洲不少國家做生意，其實已將賄款計算在做生意的成本之內。從另一方面看，這些國家也發生過嚴重的貪污個案，大量的金錢轉到高級政府官員或國有企業和銀行主管的私人戶口之中。這嚴重地影響到政府部門或企業的正常運行。其實，在正常行為和貪污之間存在一個灰色地帶。在美國，一些 CEO 收到大量的金錢（包括股票的市值期權及其他利益）作為服務的回報；而在中國，服務於一間規模相若的國有企業，其 CEO 收取一個較少的回報（包括賄款），是否面臨貪污的指控，須視乎情況而定。

　　對於"貪污"這個詞，我們可以先行放下一些負面情緒的反應，而從另一些角度討論貪污的幾個問題：一定情況下，"貪污"可被視為一種收費的形式，但這種收費形式是否合適？

如何繳付才算恰當？作為一種收費形式，一個工人可以每週收取一個定額的款項，或者視乎其產量和提供怎樣的服務而收取一個固定數額，又或者，同時計算兩者而得出一個金額。一個餐廳侍應生可與經理定出每天收取一份固定酬勞，可從顧客中以貼士的形式賺到較多的數額。該收費機制是廣為接納的。也許，我們可以將某些中國公務員的收入解釋成兩部分：一是正規薪酬，一是因應額外服務表現良好而收取的費用。如果一個政府官員在常規職責以外願意為他人提供更多服務，而別人又樂於繳付該項服務的話，這種收費機制對雙方都有利。舉例來說，內地醫生在公共醫院任職而被視為公務員，他們每月從醫院領取一份固定的工資，這與大部分美國醫生以私人執業行醫不同，他們要視乎表現而取得進賬；最近有提議，中國醫生應根據診治病人數目而取得額外入息。我們可以比較一下中國一個公務員和一個醫生，他們可以根據服務的多寡而收入不同，假如醫生額外工作而取得額外收入，也許公務員亦應該。

依此解釋，我是假設公務員實際上提供了服務才收取費用的，而人們對於達成一項服務也是願意付出金錢的。假如政府官員就分配一些公共資源而必須作出決定，該項資源可以是一塊土地，也可以是從國有銀行貸款或審批入口或出口許可等，如果資源屬於政府，但官員在分配資源時卻收取費用據為己有，這就可視作為了個人利益而出賣政府資產，是貪污行為。但只要所收金額是在政府收費體制之內，收取一些費用亦未必構成貪污；明確地說，由政府徵收適當費用作為眾多公務員的收入，不算是貪污。

歷史上，清朝皇帝派遣官員到城鎮治理，其部分的特權是在當地徵收一些費用。事實上，由於當官的可向當地人徵稅，於是呈現了一個健全的價格機制，可以買官晉爵，這是在中國除了上京參加科舉考試之外的另一當官途徑。現在中國政府並沒有充足的財政可以繳付公務員相若於私人機構所提供的薪酬，不妨考慮一下公務員若一旦提供額外的服務可以收取適度的收費，這應是一種合理的做法。如果一個政府官員願意為一群市民提供特別的服務，他可期望得到一些回報作補償。由於金錢上的回報會被視為行賄，那麼補償可以不涉及金錢，人們可以服務形式或其他受惠方法補償。所謂合理的補償其實按不同情況是有分別的。針對貪污要從多方面入手，上述只是其中一些對公務員補償的機制。

近年來中國政府非常強調官員的紀律，並敢於懲戒貪官。共產黨已多次展開反貪運動，號召黨員在公務員系統中要表現廉潔。政府透過傳媒大為曝光嚴重的貪污案件，並對貪官施以嚴竣的懲罰，包括死刑。但是，貪污問題並未因此解決，因為從貪污所獲得的經濟回報可能相當巨大，很多人願意冒險，並相信自己能逃過被捕的厄運。除非經濟的誘因能夠大大減少，諸如增加官員正規薪酬，否則問題看來不易消失。從八十年代中期，中國政府已承認公務員薪酬偏低的問題，政府亦注意利用經濟誘因手段，鼓勵公務員參與市場經濟活動，包括在政府部門（即體制內）建立經濟企業，實行多勞多得，使

公務員增加收入。另一個消除貪污的重要方法是，政府的角色
要適當地減輕，例如在減少政府的規管及發牌制度下，容許私
營領域更多自由的參與。

　　貪污對社會的禍害主要在於公眾心理和政治上，而非經
濟上。政府官員將公共財富轉移到私人賬戶去，對私人來說是
巨款，所以他們寧可鋌而走險。但是隨着社會不斷發展，從整
體資源上看貪污所涉的數額其實未必過大。我們於第三章已討
論過經濟急速發展所依賴的三個根本因素，貪污對經濟所產生
的負面影響與由該三個因素所產生的正面影響相比，簡直是微
不足道。但無論如何，貪污會使人民反感並對政府產生極大不
滿，至於對政治會否構成震盪則很難說。雖然現在貪污猖獗，
但是大多數中國人寧可選擇現時的經濟體制，而不選擇 1978
年以前處於計劃經濟下而較少機會讓官員貪污的年代，因為現
在的中國人從經濟變革中亦可找到賺錢的機會。與此同時，政
府在維護社會秩序上表現良好，中國人的生活由此得到改善，
因而，寧可讓當今的制度持續。（編者按：2013 年開始，中國
政府反腐力度加大，提出“反腐倡廉關鍵在‘常’、‘長’二
字”，“要堅持‘老虎’、‘蒼蠅’一起打”，“反對特權思想、
特權現象”等。）

政治改革

　　至於中國將怎樣推行政治改革，以達至一個更為民主的

政府？中共前領導人江澤民（前任國家主席、中共中央總書記、中央軍委主席）及朱鎔基（前任總理）曾於 1997 至 2001 年間反覆地向黨員及中國人民表明，共產黨和中國政府其中一個重要目標是建立一個民主的政治制度。他們公開承認中國現在的政治制度並沒有足夠地民主。讓我們一起跟進這一方面的發展，看看中國的政治制度能發展到多好，其民主的步伐能有多快。這將是一個有趣的課題。

觀察中國民主政府的發展，可以預計到其進展是緩慢的。當我們重溫美國在發展民主政府的歷史時，也可知道步伐是緩慢的。美國的民主制度由奴隸時期開始，經歷奴隸制、種族不平等及婦女無權投票等情況，直到今天，歷史超過二百年。美國也是很早就一直聲稱是民主政府，而且公開宣稱"全人類生而平等"。同樣地，不能預設中國發展成民主社會的進程會比美國更快。

不過，我們可以預計中國政府將變得更為民主，通過賦予人民更多自由及機會選舉政府官員，使他們更有效地服務人民。這個進程將同時來自於人民的訴求和政府自行開放的機制。在需求方面，當人民的經濟能力和教育水平提升，他們將要求更多自由，而且要參與和影響政府事務；在供給方面，共產黨及政府官員將對現代世界的政治制度更為瞭解，當他們的經濟進一步發展時，感到有自信及具備能力管治一個現代社會時，他們將更願意並且有能力採取民主的機制。中國政府正在轉變，趨向更為民主，可以從三方面觀察到：（1）中國農村廣

泛實施直接選舉；（2）全國人大代表出現愈來愈多獨立意志的
行為，擺脫共產黨的限制；（3）法治的實踐正在改善之中，部
分原因是在中國積極參與國際貿易及投資之際，須加強法治以
便與外國企業打交道。

　　2003 年 10 月 2 日《紐約時報》頁 A12 一篇文章題為 "中
國領導人呼籲 '民主' 的變遷"。報導指中共中央總書記兼國
家主席胡錦濤在主持政治局會議時說，中國共產黨必須實施一
項 "全面有系統的計劃" 以提高公眾參與政府施政，並執行法
治。"我們必須豐富民主的形式，提出民主程序，擴大市民有
秩序的政治參與，而且確保人們可以行使民主投票，民主管
治及民主監督。" 這看來是中國要發展成一個更為民主的政府
的一個訊號。美國人已經習慣於在兩黨制度之下的一個民主
政府，可能會認為在一黨專政的政治體制之下難以出現民主政
府，但我相信在中國民主地選舉政府官員及全國人大代表是有
可能的，只要中共能允許優秀的非中共黨員參加競爭選舉。在
一黨領導之下，存在多種方式可讓人民參與政治，並對施政構
成影響。中國可能是在一黨制度之下發展成民主政府的一個革
新者。

　　中國政府面對 2003 年春季發生的 SARS 危機，已顯示其
正在勇於改進。正當 SARS 危難轉趨平穩之際，2003 年 6 月
8 日《人民日報》刊登一篇文章題為 "SARS，給中國政府學
習的珍貴一課"。文章部分內容如下："中國政府過去並不習
慣向公眾公開其活動。不幸地，很多高層官員經常持有一個落

伍的看法，認為資訊可能會導致社會震盪及失序。所以，在 SARS 爆發初期，消息封鎖……只有當中央政府命令地方政府及公共衛生部門，有關疫症的消息才能得以透明，新聞界才可報導，只有中央政府辭退官員，疫情才得以改善，公眾的憂慮才平淡下來。這些事實清楚地顯示，只有主動保護人民的知情權，政府才能較好地受到公眾的監督，並反過來贏得人民的信任和尊敬。……

"人民從政府發放的消息中得知政府的意見，而人民行使其正當的監督權並不光是透過相關的官方通訊社，而是循大眾傳媒的途徑，這能使政府及時掌握公眾的意見。所以，政府、人民及傳媒應維繫一種互動關係，使政府知道人民對政策的看法……給予傳媒的權利，以及法律監督，應該得到充分保證。當傳媒一旦被賦予監督權，當權者的活動就會得到公眾的檢視。政府及官員變成要向公眾交待他們的政績，由此會盡心盡力達到更高水平。"

眾所周知，一個良好的政府必須要向人民負責並且開明。中國民主社會的發展，與傳媒自由運作並扮演監督的角色，是密切相關的。

柒

香港、上海——中國兩個閃耀的城市

　　中國有多個令人心動的城市，譬如北京和西安。但是我在這一章特別選出香港及上海來談論，主要是想闡明這兩座城市當前的經濟增長動態，而北京及西安作為歷史名城將於第八章討論。在這一章我將會以比較或是從兩地競爭角度來展示香港和上海。美國人總愛以一連串的指標來將城市排名，包括氣候、環境狀況、交通設備、文化活動質量、優質餐廳的多樣化以及教育體制等。根據某個排名，美國匹茲堡被視為理想城市之冠。這裏，我將說明香港和上海這兩個城市的獨特之處，以及兩者如何相互競爭，卻又為何得以各自充滿無限活力。

香港

　　首次來港的遊客，無論來自西方還是亞洲，都會被這座城市深深吸引。他們甚至可能認為香港是全球最佳的城市。

自由的市場經濟

　　第一，香港被視為是擁有最自由的市場經濟體系的地區。弗里德曼教授（Milton Friedman）來訪香港後曾這樣說，有兩個重要的依據可說明香港是全球經濟最自由的地方，一是佛雷澤學院（Fraser Institute）及卡托研究所（Cato Institute）所出版的《世界經濟自由度》週年報告（*Economic Freedom of the World*），二是傳統基金會（Heritage Foundation）及華爾街日報（*Wall Street Journal*）所出版的全球經濟自由指數

（The Economic Index of Economic Freedom in the World）。
香港於 1997 年前後至 2003 年曾多次奪得第一名的殊榮（編
者按：至 2016 年，香港自該指數在 1995 年開始編制以來，
已連續 22 年名列榜首），何以如此？原因是香港政府允許自
由市場運作，而政府只作最小的干預。其實，美國政府實施的
一些措施也有潛在干預性，包括政府補貼農民、為保障國內工
業而對入口產品徵收高關稅。此外，美國所推行的社會保障制
度強迫人們將儲蓄存放於政府所控制的債券，而不是隨人們意
願選擇所好的資產增值。還有，美國訂定累進制的入息稅，對
勤奮和積極的工作者及企業家產生了消極作用。政府制定反信
託立法（anti-trust legislation），有干預商業行為之嫌，美國
司法部曾控告 IBM 違反反信託條款。然而，香港政府並沒有
上述情況。香港採取的最高入息稅（flat rate）是 17%，年薪
在 $14,000 美元或以下的人免於交稅。

燦爛奪目的海港

　　第二，香港擁有非常漂亮的夜景。不少人認為香港的夜
景是全球最輝煌的，原因是香港的夜景除了國際大城市的璀
璨燈光之外，還有山水相襯，甚有特色。香港的北面是九龍半
島，南面是港島，中間是維多利亞港。從九龍尖沙咀觀看港島
對岸的夜景，商業大廈高聳入雲，密密麻麻、高低錯落，霓虹
管及商業大廈的燈光繽紛奪目，背景是黑沉沉的高山，使燈光
格外清晰，像鑽石一般閃耀。眼前的海港，映着五彩的燈影，

船兒划過倒影，景色更迷人。不過，最令遊客驚歎的是從港島的太平山頂鳥瞰全景，眼下港島住宅及商業大廈的燈火通明，遠眺九龍半島的住宅點點燈光，其背後也是層層的遠山，從高處遠看的維多利亞港更見壯觀。第三種觀看香港夜景的方式是乘坐天星小輪，將自己置身於維多利亞港之中，可從任何方向或不同距離觀看港島及九龍的景色。海港的美景也隨着時間及天氣變化而各異，白晝與黃昏時的景觀也截然不同。時間充裕的遊人可到山頂一間餐廳找個有利位置，從黃昏開始欣賞，至夜幕低垂，華燈初上之際，轉眼間萬家燈火戶戶通明，令人慨歎。時間緊迫的遊人，到尖沙咀海濱隔岸觀賞，彩光倒映在水中，燈影融為一體，不停地閃動着，奪目璀璨的夜景令人心醉，亦算不枉香港之行。

遊客到香港遊玩，除了看夜景，還可到九龍半島的北面新界地區遊覽。很多遊客不知道在新界東北面的西貢區有大型的郊野公園。那裏到處是高山和原始海灘，水清沙幼，甚少弄潮兒；山徑寧靜清幽，行山者久久都沒有遇上一人。此外，新界地區保存着舊文化及傳統村落。

1840 至 1842 年滿清於鴉片戰爭戰敗被迫簽署不平等條約，按《南京條約》把港島割讓予英國政府，之後於 1860 年按《北京條約》又割讓九龍半島。1898 年英國又以 "香港防禦需要" 為藉口，租用新界 99 年，故新界亦有新領土（New Territory）之稱。香港原先只是一個小小的漁港，在英國統治之下慢慢發展起來，至今已發展成世界聞名的國際大都會。

健全的基礎建設

　　第三，香港擁有優越的基礎設施。香港的國際新機場於
1997 年建成，建築新穎而現代化，規模龐大，航班飛往世界
及中國各大城市。從機場乘坐鐵路快線僅需 20 分鐘就可直達
港島中心地帶，非常快捷。大型郵輪及貨櫃輪船來港亦非常方
便，海港處理貨櫃量相當龐大，是全球吞吐量最大的海港之
一。香港的交通運輸系統非常先進。地鐵運輸異常快捷且清
潔，火車不停地穿梭於全港各個地點，並設有巴士接駁服務。
香港人無需擁有一輛汽車也可快活地過生活，只要招招手，便
可享用的士代行，而且價格不貴。廣州是港人最常到的內地城
市，距離香港以北 130 公里，乘坐火車前往快捷、乾淨又方
便。人們到達廣州，可乘坐火車及飛機轉到內地各大城市，從
香港也可直接飛往內地其他主要城市。

　　香港的經濟基礎在文化方面的體現，可以從香港的八所
大學中有所瞭解，它們在某些領域已達到國際一流學術水平。
香港所有大學是由政府資助的，政府已將高等教育放在重要位
置，而且願意繳付具競爭力的薪酬，以吸引世界上的優秀人才
前來從事教學及科研工作。位於灣仔的香港會議展覽中心，規
模龐大而且現代化，曾於 1997 年 7 月 1 日舉辦慶祝香港主權
回歸中國等盛大的典禮及重要會議。位於中環的大會堂，面向
漂亮的維多利亞海港，是舉辦藝術及文化表演的主要地點，另
一重要的文化場所是位於尖沙咀的香港文化中心，不少市民及

遊客都樂於前往。

香港的法律及金融系統非常完善。其司法系統沿襲英國的普通法傳統，1997 年香港主權回歸之後得以繼續保存。香港《基本法》於 1990 年由全國人大通過，在“一國兩制”政策之下維持香港的經濟及法律體系不變。《基本法》第一章第八條：“香港原有法律，即普通法、衡平法、條例、附屬立法和習慣法，除同本法相抵觸或經香港特別行政區的立法機關作出修改者外，予以保留。”關於該項原則是否自 1997 年以來都確切地落實執行，香港市民及海外觀察家的意見紛紜。但是大多數人認同香港的司法系統現行良好。香港是重要的國際金融中心之一，大量跨國企業選擇在香港設立區域性總部，這也多少反映了香港金融系統的穩健。

食物及生活質量

第四，港人能享受美好的生活質量。以往是“食在廣州”，現在是“食在香港”。香港除中國式酒樓之外，到處都是各國特色的餐廳，林林總總的美食，令遊客垂涎三尺、讚不絕口。這個七百萬人口的國際大都會，絕大部分是華人，但英語通行，能與來自世界各地的人們共聚融洽。惟一的問題是空氣質量欠佳，大量混濁的空氣從車輛及北部的工廠排出。香港人口稠密，部分旅客或許不習慣在擁擠的道路上行走，但一些香港人卻表示在外出遊時反而很想念香港的繁忙，因為他們不習慣寧靜。

香港的無比動力

第五，香港被視為全球最有活力的城市之一。香港商業步伐非常迅速。

美國紐約也被認為是節奏非常快速的城市，但有人說香港的節奏更快。無論你是旅客還是居民，不妨自行對兩地生活節奏做個判斷。在香港天天發生新的事物，活力無窮。過去三十年，香港的高樓大廈拔地而建的速度比紐約要快。人們對消費產品如汽車、影音設備、家具裝修、鐘錶及時裝均追求時尚。港人總是關注最新的消息，為求賺錢而分秒必爭，電視及傳媒不斷報導財經消息，比紐約更為頻密。人們工作勤快反映了其商業文化，這一點我已於第四章有所討論。

人們將香港這顆 "東方之珠" 的成功歸因於 1997 年之前的英國統治。香港當前的美好，我認為英國政府的功勞不少，她把香港鑄造成一流的自由經濟體系，法治良好，基建齊全。香港人的努力也應受到讚賞，人們勤奮用功、敬業樂業，企業家在自由經濟體系中亦得以茁壯成長。再者，1949 年中國由共產黨執政，但有段時期政府閉關自守，致使了大量有才華的內地人逃往香港，內地抗拒與西方貿易致使香港成為西方惟一通向中國的窄門。接着，1978 年後中國實施經濟改革，香港經濟發展快速，愈見富有，成為了中國通往國際的門檻。而中國亦為香港帶來無比的投資機會。

我於第四章曾談及香港人。他們於英國統治之中並不熱衷於政治，原因是參政機會有限。1997 年後，香港實施港人治港，但香港的管理層尚未具備良好的管治素質。近年來香港經濟不景氣，管理層飽受批評，西方評級機構曾一度質疑港府能否維持香港政治及社會的穩定。香港的活力相比於過往而走向下坡。2003 年 6 月 29 日中國政府與香港簽訂《內地與香港關於建立更緊密經貿關係的安排》，為香港注入新優勢，香港的前景開始重見生機。

上海

自 1990 年起上海迅速冒起，這是城市發展歷史中最輝煌的現象。我認為這最主要是由於當今科技比以前發達得多。昔日紐約及巴黎的建成，要加建一幢大廈、一條道路、一條電話電線，要比十年前的上海困難得多。上海的飛快發展，不光是現代科技促使了基建規模的建設，其他尤其如電訊業的興起也促進了經濟的迅速發展及水平的提高。在上海展開手機通訊服務，根本無需建立電纜系統。現代通訊系統的運用，使上海經濟發展可以全速前進。

飛躍的增長

曾於過去數年到上海旅遊的人大可證實：這個城市確實是每兩至三個月變個樣。九十年代初，香港人或國際間均難以想像上海於 10 至 20 年間可以趕上香港。請不要忘記香港本

身也是一個急速發展的都市。然而,這已成事實。不過,有部
分香港人不同意這種看法,他們最多相信這將在未來發生,當
然還要視乎採取什麼指標來衡量。

從豐富的文化傳統中贏得優勢

上海人作為一個群體,其素質是非常優秀的。在中國,
一個地區的人比另一個地區的人的素質高,這是不難理解的。
人們來自兩個不同地方,歷史及文化傳統各異。上海人比較幸
運,他們的文化傳統可促進其經濟發展。

上海的文化傳統可以追溯到宋代。中國於宋朝(960-
1126)時已形成了繁榮的市場經濟,南宋時期的首都杭州,就
是靠近上海。而當時的廣東,包括香港,還是藉藉無名,乃蠻
夷之地。中國一位非常有名的學人兼政府官員蘇軾,就是被放
逐到廣東的海南島,他被差遣到那裏乃是一項懲罰。內地其他
地區的人並未曾有機會學習及實踐上海所經歷的資本主義。

上海除了從傳統上受惠於宋朝資本主義的經驗之外,還
受到西方現代化的影響。上世紀初西方佔據上海時,不少外國
人在那裏生活及工作。西方政府為上海制訂市政計劃、成立社
會及經濟機構提供了很好的示範。他們教中國人如何去建造道
路及現代建築物,又向中國人展示如何設立現代銀行及工廠。
他們的頭腦比內地其他人開放,易於接受西方想法,這是促進
其經濟發展的誘因。

上海正是最高度集中此類活動的地方,因而它成為亞洲

第一現代化大都會，在二十世紀三十年代比日本東京還要領先。那時上海比香港還厲害，無論從哪個標準來比較都是如此。上海的人均收入較高，大學數目也比香港多，當時香港只有一所大學——香港大學。上海人的服裝更是香港人要追逐的潮流，上海的工業及銀行也較為發達。人們可以多個特徵衡量一下兩者相對的發展，包括製造工業的總產量、商業銀行的儲蓄總額、工廠和商業銀行的總市值、工廠和商業銀行的總盈利等等。無論如何，上海的工業和金融機構均比香港優越。當年香港也是以自由經濟運行，兩地差別就在於人們因不同的歷史及文化傳統形成相異的能力素質。

上海人整體的文化水平比香港的要好。當然，部分香港人在某些領域的成就會比上海人佔優，但我要強調的是，上海人作為一個集體是較為卓越的。比如，香港的勞工非常優秀，但是上海的更好，從他們一般的技能中可以得知這一點。福特汽車及通用汽車選擇在上海而不在廣東設廠，可以大概知道兩地勞工的水平，須知道藍領工人的素質是一個考慮因素。要發展經濟，白領人才也不可少。上海的大學可以訓練技術、科學及工程人才，為發展製造業提供支持。儘管上海的法律及金融系統不及香港，可外資仍在上海選擇某些大型投資項目。這顯示了上海具備地理優勢，有利於進軍內陸市場。

1949 年中共掌管內地後，大量上海人湧入香港開設新的工廠、商業及金融經濟企業，顯示了四十年代之際上海人所擁有的才能是港人所缺乏的。當時香港並沒有很多製造業，從上海來的人才及資金推動了香港於五十至七十年代的經濟發展。
今時今日，上海人利用自己的才能來重建上海，成績令我難以
置信。

　　上海近年經濟的迅速發展，部分亦應歸功於中央政府所
實行的改革。上海直至八十年代末期一直負擔重稅以支持全
國其他地方的發展。然而，我並不認為近年來的政府補貼是一
個重要的因素，當比較起上海人的能幹勤勉，為自己建設這個
大都會奮進邁力，中央政府提供給他們的財政資源實在非常有
限。中央給予很多地方包括西部地區不少補貼，但成果並不顯
著。中央也給予廣東長期優惠的經濟政策，但在十年之間上海
的人均收入及其他方面已超越廣東。

市場體制

　　關於市場經濟體系，以符合現代西方市場經濟運作的條
件來說，香港是較好的：法治健全、會計制度有透明度、商業
銀行表現規範、國際資金自由流通等。無論如何，我認為如果
可以容許某些經商文化存在差異的話，兩地經濟機構水平的差
異應可少一些。上海的經濟文化是較為中國化的。上海與香港
兩地的經商規則不同，上海人看來知道並習慣於他們的規矩，
經商時能夠與熟習西方模式的香港人同具效率。儘管如此，港
滬兩地的差異還是小於與西方以同樣的特徵來作比較的。根據
西方的標準，上海的經濟機構未必完善，但很可能已符合上海
人進行經濟活動的需要。

　　簡單說來，上海人有他們做生意的一套方法。這些方式在有效地運行，中國的法制及經濟機構有別於西方，但仍可有效實施市場經濟，這一點與我在第三章討論的同出一轍。上海經商的辦法有效，也可從人們於十年內的成功及富裕程度看出來。從他們經濟上的成就，我們可以大概總結出他們有自己的經商機制。其中一個有趣的方法是，從過去八年間，找出一百個最優秀的上海商人與同樣數目的香港富商，比較一下他們的經濟成就。相關的統計也可反映出香港、上海的經濟增長比世界其他城市要好。

基礎建設

　　在談及基礎建設前，我們再比較一下滬港的情況。首先，上海灘沿着黃浦江一帶，風光無限，尤其是近年來新建築以及城市經美化之後。這景色未必比得上香港的海景，因為香港海港乃天然美景，背後襯托着山景，當然別具吸引力。可是，上海灘足以為這個城市增添魅力，而且比較紐約處於哈德遜（Hudson）及東河（East River）之間的美景，可說同樣吸引。

　　自 1990 年以來，上海市的規劃工作做得很好。上海的道路在十年間變化很大，大街兩旁都是美輪美奐的商場、菜式豐富的餐廳、現代化的辦公大樓等。上海灘附近的步行街和休憩處均開展了美化工程。最矚目的是浦東一帶的發展。該處原是市中心的一個邊緣地帶，現已自行發展成一個集現代商業、金融及工業於一體的地方。由於它是新興區域，現已超越上海的舊區，摩天大廈一棟一棟矗立起來，幾個月或半年內就讓上海的面貌煥然一新。現代工廠、銀行及其他商業大樓紛紛建立起來，而市區交通系統也非常現代化，地面的高速公路使車輛暢順行走，地下也建成鐵路網，比紐約市新鐵路系統更為清潔和快捷，而且線路也在擴展中。上海市民可以乘坐公共交通工具到城市的每一個角落，十分方便。

2002 年，最為現代化的磁懸浮高速火車系統建成，使得往來機場及市中心更為方便，單程只需 13 分鐘。要是經高速公路乘坐的士則需一個小時。該項技術由德國於半個世紀前發明，但仍未得到實際應用。上海人在德國人的協助下，利用該項技術於兩年內完成這項工程。由於先進科技工程的配合，車速快得驚人。在建造期間，上海市政取得多個主要專利，這再次證明上海人民的人力資源處於很高的水平。

基建在現代科技的協助下，可以建得更為快捷和優質。以手機為例，上海的電話系統很快就建立起來，而無需進行昂貴的電纜鋪設，在少於五年的短短時間內，大部分上海人已擁有手機。2002 年全國有 3.6 億部手機，比美國的人口還要多。中國 13 億人口中平均每 100 人擁有 28 部手機。（編者按：至 2016 年，中國手機用戶逾 13 億。）

上海的大學頗為出色，其中以復旦及同濟大學較為突出。前者的科學及後者的工程學科都是世界級水平的。經他們訓練的學生，都是美國高級研究課程要羅致的對象。1985年 9 月，當我與中國教育部合作挑選研究生去美國攻讀經濟學

時，我所選取的十個候選人員中，有四個是復旦學生。他們有
些現已成為美國著名的經濟學家。八十年代，我感覺到復旦與
北京大學的文化差異。我到北京大學上研討課時，只有高級教
員提問及評論。在復旦大學，初級教員及學生均爭相發問和研
討。他們發揮着積極進取的精神，反映了上海人對優秀的傳統
文化的繼承。

文化活動

上海的藝術博物館亦躋身於世界同類博物館之林。建築
設計及產品的展出都與世界任何一個博物館同樣高水準。若不
以展品的內容來衡量，可媲美台北的故宮博物院。台北故宮博
物院只展出中國累積了數代皇帝所留下的精品，而上海博物館
則從全國遼闊的大地選得珍品展出。新的劇院由法國一流建築
師設計，聯同嶄新的高速火車系統，反映出上海人愛好訪尋世
界上最好的事物，從而做到盡善盡美的態度。

市政府願意花費建設劇院、火車系統，以及任何有助於
上海成為世界第一的項目。

上海人看來比香港人“眼界高”。2001 年 1 月，我的太
太及女兒訪問上海時住在 88 層的金茂君悅酒店（Grand Hyatt
Hotel），她們要求到劇院觀賞節目。門票要 100 至 500 美元
一張。她們買上 100 美元的門票已是心滿意足，但劇院的高
價票反而早已統統被上海的本地人買光，只有極小部分是外國
人。可見上海人凡事要求最好的，享受也要最好的。

經濟活動

　　境外投資者湧往上海從事各種類型的活動，2003 年初估計約有 30 萬台灣人居住於上海，不少於那裏建立第二個家庭，也有些持台灣護照的遷居上海。台灣投資者已於 15 年前在製造業及金融業上大展拳腳，美國公司如福特、通用、IBM、Intel 以及很多工廠和跨國公司分部等紛紛趨前；美國環球片場已選擇在上海建立另一主題公園（編者按：作為中國內地首座迪斯尼主題樂園，上海迪斯尼樂園於 2016 年正式開放）。上海人與外國投資者並肩作戰，對內地及海外貿易的製造與金融事業進行合作。2003 年 11 月，美國《財富》雜誌列出 100 名中國百萬富翁名單，首 20 名中七位是上海人，來自香港及廣東的各有三人，正好印證了上海商人的成功。香港投資者意識到在上海投資的機會多，多年來已活躍於上海。本世紀開始，香港年輕人面對當地經濟衰退更轉往上海找尋工作機會，不少香港居民亦考慮遷往上海。該城市的繁榮情況可部分地從 1998 至 2001 年間商業及住宅樓價的升幅反映出來，而且不少留美又具有上海背景的人們正考慮遷返上海。

　　上海由 1992 至 2001 年平均每年經濟增長超過 10%。上海作為全國最富裕的地區，前些年經濟增長維持在 10%，比全國的 8% 還要高（編者按：2010 年後，上海經濟增長放緩，保持在 7.5% 左右）。由於中國入世，上海所有的經濟活動將會被市場極大的競爭力所推動。西方的資金將會推動內地企業轉趨更具效率及創新。與此同時，上海人再次向西方（投資者）學習到各行各業的經營運作。無需多說，西方投資者亦會從上海商人身上學習以及投以羨慕的目光。

　　上海的經濟生活尤如香港，充滿活力。上海的活力表現在她完成事物的速度，建築物的興建及基建均能完滿竣工，鮮如內地其他地方出現“爛尾”。她的活力也反映在人們積極及進取的精神。這也表現在人們對事物的信心，相信事情能夠很快地完成及做得妥當。

　　上海人對於 2010 年主辦世界博覽會感到非常興奮，這將是另一個動力，人們期待將上海發展得更好。世界各地對展覽會懷着盼望的人是有福氣的，因為大會由上海當東道主。上海透過主辦這場盛大的表演，將顯示出“她”的確是一個令人注目的大城市。

中國城市建設的政策

　　據《紐約時報》2013 年 6 月 16 日的一篇文章，中國將在未來 10 至 15 年轉移約 250 萬人到新建成的小城鎮。理由是城市居民的收入和消費增長預計高於農村居民。人們獲補貼如新的公寓和金錢等。中央給地方政府的任務是在他們的地方開展這項政策。本節將討論實施這一項政策對中國經濟的影響。

　　從經濟立場上說，城市的建設是與經濟效益相關的。例如香港與上海的建設增加了居民經濟活動的效率。建立一個城市的重要原因之一是它的位置，如靠近河流或海洋，又便於居民的交通和貿易，例如上海、香港、南京和廣州。在建設城市時，政府往往起着重要的作用，如建設基礎設施，包括道路、港口和警察安保等。城市化的利益是把有經濟收益的經濟活動集中在一個地方，這對經濟活動是有利的，特別是城市能提高服務業、貿易和工業生產的效率。當這樣的經濟活動在一個城市發生時，會提高居民的收入。

如果農民選擇搬遷到城市，主要是因為他們可以賺取更高的收入，使得國民收入增加和消費增加。為了說明這一點，可讓一個人決定從鄉下遷移到一個城市，他會計算遷移的經濟收益。假設說，如果決定搬遷，他的收入將從 1,000 元增加到 1,800 元，將有 800 元的經濟收益。由於他的收入是國內生產總值的一部分，後者也將增加了 800 元。因此，城市化進程將導致他的國民收入增加了 800 元。由於消費取決於收入，總消費在經濟增長中也將增加。這是中國政府推出城市化政策的動因。

如果一個人被迫搬遷到城市而非自願，按他的計算，在市區居住，收入必是低於他在農村住的收入。假說是低了 500 元，他的遷移對國民收入也將減少 500 元。因此，如果他不自願而政府迫使他遷移，搬家後他的收入和國內生產總值都將減少 500 元。這是沒有經濟利益的行為。如果有人認為，政府可以出台相關政策，提高他在城鎮的收入，如提供住房，在這種情況下，如果政府決定補償搬遷者，它需要補償至少 500

元。這將是一個損失，因為政府已經使用了 500 元的國家收入而遷移者的收入卻沒有變化。

中國的情況是，一部分農民不願遷移到城市，是因為缺乏多賺錢的機會。他們寧願留在農村地區，因為他們可以利用他們的土地謀生，並在那裏退休。他們可以在自己的養殖場生活，而在市區生活他們需要城市的社會福利，向他們提供相同的生活水平。強制農民往城鎮地區居住將減少他的收入與國民收入。它還將導致農民不滿，並對中國和諧社會的實現產生不良的影響。

有人可能會認為，如果人們一起生活和工作在一個城市可以提高經濟效益，為什麼不讓政府建立更多的城市？我們知道，不論政府能否建立這樣一個城市，它建立後人民應該有自由決定他們是否應該搬到城裏。強迫人們搬去將減少國民收入，正如上文所述。

總之，政府強制公民從農村遷移到城市，成本是很高的。因為這樣做將減少國民收入，以及國家的經濟增長。強制農民轉移到城市，將引起人民的不滿，影響和諧社會的實現。此外，在這種情況下，公共支出可能會增加政府的債務。總的來說，城市的建設，像香港與上海，應當由市場經濟的需要來決定。政府的功能只限於資助城市需要的基本建設，這樣便會把城市的經濟效率提高。

捌

A COUNTRY FOR
TOURISTS

旅遊大國

為了更全面瞭解中國，本章將說一些我在中國遊歷的見聞，並介紹一些令人眼界大開、樂而忘返的名勝。也許這能引起讀者的興致，爭取到中國一遊；曾造訪中國的讀者估計也可從本章中體會到不同角度的樂趣。市面上有不少到中國旅遊的指南，而本書並非一本旅遊指引。一本優秀的旅遊指南能提供有關酒店住宿、餐廳種類、交通路線、商店及百貨購物等資料，但這些在本文均不會談到。

中國地理及行政區域劃分

中國是全球面積第三大的國家，僅次於俄羅斯及加拿大，有九百六十多萬平方公里，位於亞洲的東部並伸延到東南部，東向太平洋。它佔亞洲面積的四分之一，以及全球面積的十五分之一。那裏有不同氣候的地帶，從南部的熱帶，至北部的溫帶，全國各地氣溫差距甚大。高雨量集中於沿海地區。全國的地形不同，西部有高山、高原，東部沿海有平地、峭峻小山。兩條大河黃河及長江，從西向東滾滾奔流。農地只佔全國土地的十分之一，位於東北地區、長江流域以及珠江三角洲的土地較為肥沃。中國的礦鐵蘊藏量也很豐富。

中國有 22 個省及五個自治區，另有四個直轄市。省份包括遼寧、吉林、黑龍江、山東、江蘇、浙江、安徽、福建、江西、山西、陝西、湖南、湖北、河南、河北、廣東、海南、四川、貴州、雲南、甘肅、青海（在內地的教科書內當然還包括台灣省）；自治區包括西藏、內蒙、新疆、寧夏及廣西。其中，西部地區九個省份（四川、貴州、雲南、西藏、陝西、甘肅、青海、寧夏、新疆）較為貧窮，但在國家支持下可望有較快的經濟增長，冀以收窄與東部地區的貧富差距。四個直轄市包括位於北方的北京、天津，處於長江出口的上海，以及位於內陸地區的重慶市。重慶於 1997 年恢復成為中央直轄市，成為西部大開發的重要行政中心。

自然風光：桂林、黃山、武夷山和長江一帶

中國的自然景觀遍佈全國。當我們想到自然風景，就會聯想到有山有水。"水"這個漢字，經常與"山"這個字聯繫在一起，以形容自然風景。中國人畫的畫稱為"山水畫"，意思是把大自然勾畫出來，一般以山、水或湖為題材，卻很少畫海。一次，有名中國朋友問我，願意探訪名山還是江河？我想了一會，仍不能回答。他則說，寧可跑到山林去。我嘗試瞭解緣由：中國人是怎麼遊山玩水的呢？當中國人遊覽山林，他不止是欣賞那些美麗的風景，還要感受一下藏於山間的樂趣，嗅嗅樹木之清香。當中國人到訪名湖或川河時，主要是欣賞景色，而不是要感覺水秀的世界，除非他潛到水裏去，否則無法體會藏於水中的境界。人們住在陸地而不是在水裏，這大概說明中國人較愛山林之樂的因由。中國人對於遊山之際融入大自然的情景，感到的是一份享受，遊畢之後每每在記憶中回味

中國地圖

無窮。

　　當我決定撰寫中國自然景觀時，腦海裏首先呈現出山峰。在我遊覽中國的山景之前，我曾數次到訪西方多國，瑞士的山景、挪威的山巒及美國洛磯山，各有特色。後來，當我到訪中國廣西省桂林時，覺得那裏的群山峭壁，非常獨特。當我遊覽安徽省黃山時，我深深地體會其美景，比過去我曾遊玩過所有的山還要好。2000 年遊覽福建省武夷山，我又覺得那次比黃山之行更好。

　　1980 年暑假，美國七個經濟學家到北京教授計量經濟學，我是其中一人。作為整個獲邀訪問行程之一，每位學者有機會自選到全國多處遊歷，而且有導遊陪同。有些學者當時想到當局安排導遊的目的，是為了限制他們的行動，並為政府作宣傳；這個做法可能是七十年代的事情，但到了八十年代已不是這樣。事實上，中國於 1980 年仍奉行計劃經濟，很多商品及服務由政府控制，而不是由市場運作。作為美國人當時確實需要一個具有官方背景的導遊，負責買頭等車票、租用酒店房間，以及取得劇院戲票等。桂林一行是我和太太當時選擇的其中一站。

實在有太多西方人到過桂林，我其實不用花太多筆墨了。1999 年美國總統克林頓訪問中國時，他決定在那裏比原定計劃多留兩個半小時，以致到訪香港特別行政區延誤了差不多三小時，使特區首長董建華及座上約百名尊貴嘉賓呆着等，想必他們當時也餓壞了。究竟桂林有何吸引力呢？

遊桂林的一個難忘經歷是坐船遊灕江。兩岸都是與別處不同的峭壁峰巒，美不勝收。當旅程開始，人們就會發現中國式的小舟一葉一葉徐徐而過，有些漁夫收着漁網，滿載而歸。漁夫的容貌，捕魚的方式都是西方遊客之興趣所在。灕江附近的民居、農戶及村莊，他們也不會錯過。接着就是令人興奮的時刻，越來越多的奇山逐漸浮現眼前，它們的形狀獨特，天下無雙。桂林的山拔地而起，陡峭非常，與一般具有緩斜山坡的，十分不同。"桂林山水甲天下"，灕江兩岸是無數奇形怪狀、大小不一的山交錯相疊。若以國畫表達出來，可構成一個美麗的格局，觀者自行賞識。對中國畫的欣賞，要視乎觀者的藝術品味和智慧而定。

遊灘江需時約兩小時。坐在輪船上層，人們可以細緻地欣賞每座奇特的山巒，或是群山組成的美景。雖然輪船慢慢地駛着，但是四方八面有數之不盡可觀賞的景致。遊人由於時間所限，其實無法將美景盡收眼底。人們的頭擺動着，眼光從左邊移到右邊，但仍來不及看到他們想看的，或是未能將目光裏浮現的美麗景致好好地享受一番。不久，遊人將會感到失望，因為輪船已到達目的地，觀光旅程已經完成。1980 年，遊畢灘江上岸後，是一個小型的市集城鎮。遊人嗟歎，仍不敢相信剛才所見的美景，遊人回國後很多都向朋友推介遊覽桂林山水，畢生難以忘記。

黃山

1985 年我和太太國瑞、女兒阿美到黃山遊玩。這年暑假，在國家教育委員會支持下，我在內地再次教授計量經濟學，並會晤了總理趙紫陽；之後我被邀請到中國多個地方旅行。中國經濟因改以市場運作而飛快發展，但當年還很貧窮，今非昔比。今天旅客到黃山遊玩，那裏有現代化的酒店，有吊車載往山頂。而 1985 年我們必須徒步上山，那裏只有一間旅館。旅館屹立在群山之中一個最美麗的觀景台。當時房間非常緊張，人們只能在旅館樓道的地上睡覺，所有地下空間都被佔光，能夠佔用地下躺臥已屬幸福。當我們出去使用洗手間時，需小心跨過在地下熟睡的遊客。要是我們沒有很好的政府關係，恐怕也不能住上房間。

車子到了一個泊車地點就把我們放下，那裏距離山頂還有三分之一的路程。我們沿着小路上山，山坡不算太陡。路上背着重擔的工人與我們擦身而過，他們把貨品運到山上，每天可以來回兩程，而我們則花上差不多半天時間走完這條石頭小路。沿途我們四處觀賞，有時停下來從山腰懸崖俯瞰，非常驚險。山上有甚為有趣的松樹，令人驚訝的是它們形狀異常，還呈現不同程度的棕色和綠色。松樹的形狀反映出不同的性格，仿如人的身體可從不同方向傾斜。有的斜向一方，在斜坡上矗立着，看來非常有力健碩，像一個強壯的人；深綠色的針似的樹葉，給人一種誠懇的感覺。黃山最為有名的一種松樹是“迎客松”，樹的形態像向遊人招手一樣，旅客一般都在那裏拍照留念。松樹是中國畫家愛畫的景物，當然他們還愛畫黃山以外的松樹。人們如果細心體會，可以感受到中國畫與實際景致的兩個層次。我攀登黃山時造訪了一個展覽館，那裏展示了一幅黃山的中國畫和一張圖片。這說明了攝影家所記錄的真實黃山與畫家筆下別無兩樣，正是“風光如畫”。除了著名的松樹，那裏還有其他的樹木和植物，可以讓植物學家一一細賞。

最後我們到達山頂，黃山果然名不虛傳，是世界上最漂亮的名山。用英文翻譯黃山，可以是 Yellow Mountain 或 Yellow Mountains，即可以是單數或複數。中國的“山”是名詞，沒有單複數之分。為什麼是這樣？也許，中國人愛思考事

《文殊院》—— 張大千筆下的黃山面貌

物的特質或特性，而少看數目。中國人觀察 "山"，很少注意
那是一個還是兩個。（中國人的動詞也沒有區分單數或複數，
動詞的意思清楚就可以。）對於黃山，也是如此，中國人沒有
考究它是一個、兩個還是三個山，只要玩得開心就可以。

　　事實上，在黃山地區有多個山嶺，我也忘記曾攀登了多
少個。山峰一個連接一個，形成連綿的山脈。除了古樹，黃山
的奇石、變幻莫測的氣候也堪稱奇觀。遊人的心境隨着黃山的
光線、雲海、霧境、氣候變幻而變化；從不同角度觀看古樹、
奇石及山景，遊人的心情也隨之起伏。黃山的山石真是不尋
常，它們顯得又粗又壯。人們看着這些山也潛移默化地受了影
响，自己也感到強壯。它們的形狀尖削而多棱，不像桂林山上
的石頭那樣柔滑。瑞士有些大山也是非常多石的，但卻是分
裂成巨大的石塊；而黃山的石頭比較個體化（individualized）
及略小，每一小塊都很獨特。

　　黃山的景色隨着天氣的晴、雲、雨、霧變化萬千。陽光折射到變幻的雲層裏，光影相照，時刻改變着黃山的景色。要是加上輕打着的微雨和幾分薄霧，黃山就變成了仙境。黃山以 "多元化"（variety）及 "變化"（movement）見稱。從 "多元化" 來說，松樹、石頭及天氣，有各式各樣的奇異，層出不窮。從 "變化" 來說，太陽的光線、雲與霧變化多端，扮演着黃山的佈景板。黃山的石與松是景觀中的一部分，站在不同角度會有不同風景。這令我很容易明白為什麼十七世紀時中國畫領域出現了一個專門以黃山風景為題材的著名學派。我遊覽黃山之後告訴朋友，如果只能到中國一處勝境遊玩，黃山是最佳的選擇。我到黃山之前，已經多次聽朋友這樣說過。

武夷山

　　2000 年暑假我到武夷山遊玩，這是在桂林之旅的 20 年後。我的東道主是於 1980 年接待我的中國社會科學院。1980 年的訪問是七個經濟學家於北京教授計量經濟學，20 年後該高校邀請我們七人重來北京，以舉行計量經濟學會議的方式茲以紀念。我們七人都欣然接受了邀請並出席了會議。二十世紀八十年代，中國很少有人瞭解計量經濟學，沒有中國教授任教該學科，因而也沒有學生在中國學到這門學問。二十世紀五十年代，該學科在美國、主要在我就學的芝加哥大學發展起來，當時的中國卻開始對西方封閉門戶。1980 年，中國的大門重新打開，中國視經濟學科為意識形態裏中立的領域，可以開放給外人參與。我們是第一批獲邀到內地任教的人。2000 年，該門學科在中國快速發展，一篇篇論文在會上發表，這令我們感到非常激動。

我們七人每人都拿到一張約值 8,500 美元的商務艙機票，飛到北京參加會議。我們及配偶均獲安排住在五星級酒店。我曾好奇中國社會科學院為什麼能提供如此高昂的開支，答案是我們的旅程是由多個單位贊助的，其中一個是福建省政府。省政府另外在廈門安排了一個經濟會議，邀請了兩千多名西方投資者和貿易代表前來參加。會議在一座美輪美奐的大樓舉行，我們應邀在會上發言。事實上，我不太願意接受這個邀請。我們的東道主社科院堅持要我們會後到武夷山玩一玩，據說那裏是中國最吸引遊客的風景之一。果真如此。單獨到武夷山已經很值得，而我這次的旅程更是超值，因為與此同時我進行了多次演說。

我們在廈門花了半天時間參與必要的官方活動，包括在經濟論壇演說，以及與來自西方國家和北京的尊貴客人會晤。接着，主管對外及貿易的官員立即把我們護送到福建省西北部的武夷山。該縣的縣長招待了我們三天，大多數時間是由副縣長代表陪同。縣長對我們的來臨作了正式的歡迎，多次與我們共進晚宴，並在臨別時歡送我們。我與家人到訪黃山時也是作為中國政府的客人，當地的市長也給與我們同樣的禮遇，可見這是中國政府作為主人時的慣常做法。

武夷山結合了桂林與黃山風景的美態。桂林有山有水，

而黃山沒有，武夷山下則有一條河流繞山而過。武夷山的部
分景色有點像黃山，不過規模要小一些。正如黃山般，武夷山
以多項勝景聞名，儘管兩者不同。沿着武夷山下的河流暢遊一
番，雖然比不上在桂林的灕江上乘坐電動船那樣在甲板上環顧
四周來得刺激，但也樂趣無窮。這次我們沒有坐電動船，而是
坐着一條長長的小船，由兩人划動，一人在船頭另一人在船
尾。船兒有點像在威尼斯穿梭的小舟（gondola），只是船身
較長而且乘載更多的人們。船隻的建造，以竹為材料，竹枝須
經特別處理，而且須由工匠以巧妙的技術製作而成。船隻仿似
一件藝術品，但當時售價只需約 250 美元。一個兩人家庭大
概可存足錢買到一條船，到政府旅遊局註冊後可以經營。很多
這類船隻在河的指定地點排隊輪候，由政府官員召喚。沿途有
九個著名的石刻，當遊客欣賞兩岸極美的山勢之際，導遊與划
船者便向遊客講解石刻的趣聞及其歷史意義；這仿如在威尼斯
乘坐小舟時，導遊會講解一些特殊建築物的歷史及其重要性。
灕江的電動船是向上游進發，而這裏以人力划動的小船則是順
着下游而去，由於水流頗快，全程也只是花上一個半小時。

　　除了乘坐小船沿途觀賞山景之外，遊客亦往往登山而
行。在山上設有一個知名的觀賞亭，供遊人欣賞對岸美麗的山
色。中國宋朝著名儒學大師朱熹（1130-1200）便曾在這裏遇
上他的學生。他被視為孔子與孟子的承傳者，被尊稱為“朱夫
子”，他延續及重新詮釋了傳統的儒家思想，回應了宇宙論及
形而上學的問題，而這是儒家思想一直以來所缺乏的，只能在

道教和佛教思想中尋找解答。人們可以想像朱子在觀賞台四周的山色之下，是如何傳授他對社會秩序，即“禮”的教化的。朱子知道他的教學非常重要，經常將自己與孔子比較，多於視自己的思想為一個學派。當我由山徑登上這個觀景亭後，花了一段時間仔細地觀看四周，並俯瞰山下，又在亭中踱來踱去；我不期然地想到如此景色之下，朱子會向其學生談些什麼議題呢？

人們也可從山徑的另一方徒步到另一座高峰，感受一下山巒的纏繞。探訪名山可以有多種方式觀賞，人們可以遠眺群山，或是近看不遠的山峰，或是從任何一個山峰之中觀看包圍着的山脈，或在不同的地點漫步細看些樹木植物等。到武夷山遊玩，可以說任何一種玩法都合適。它是連綿的山脈，每座山都漂亮獨特。人們也可以從山上看到河上一葉葉的輕舟漂流而過。有那麼多的景點要細覽，我們的時間顯得非常有限。

另一個熱門的勝地是一座古城，這個頹垣敗瓦的城市，早在漢朝時人們已非常反叛，最後被北方而來的政府軍所打敗。當時人們宣佈獨立，中央政府花了多年時間尚未能征服。城裏居民人數不多，但都有軍事訓練基礎，強悍且守紀。但中央政府最後取勝，並乾脆把該城燒掉及屠殺居民，以防後患。古城現仍留下城牆遺跡，人們依稀可見那些古舊的房間和爐灶。歷史學家對當時人們生活的方式重新建構，導遊們有所依據，向遊人侃侃而談，雖然說來有時不太合理。其實，武夷山的導遊已算訓練有素，懂得不少知識，講來生動有趣。探訪這個旅遊景點仿佛到訪博物館一樣，只是展品欠奉。無論如何，它提供了一個真實的環境供人們想像和思索。

第二個給我留下深刻印象的勝地是一處品茶的場所。福建省是個有名的茶鄉，正如其對岸的台灣一樣。福建省及台灣的氣候相若，也許水土也同樣合適，是栽種茶葉的好地方。台灣人不少是來自福建省的。福建省的主要語言閩南話，在台灣也能相通。由於台灣處於長期的經濟繁榮，其茶葉已大大改良，而品茶的方式，包括茶具，已各適其式。在武夷山品茶的勝地位處山上 70 米高的一個山坡上，那裏只有一棵樹，據說它的葉子可泡成全國最上好的茶。由於這種樹只有一棵，所以要品嘗這種茶極為昂貴。這棵樹本身價值非凡，我們只能在樹下觀賞而沒有品嘗它的茶香。主人為了慰藉我們，以該老樹移植而成的另一棵樹的葉子泡茶，我們嘗了一下，茶味果然非同凡響。

總結武夷山之旅，我認為此行比到黃山更有樂趣。這可能與個人經歷有關。我兩次遊山的情況並不一樣。我在武夷山居住的是非常豪華的酒店，而且遊山時人煙稀少；在黃山某些入勝的景點則非常擠迫，令我不能盡情地享受那裏的風光。武夷山除了遊客較少的好處之外，那裏還有河流、歷史勝地，包括有朱子觀賞台及古城遺跡等等。也許，在黃山我錯過了與黃山畫派有關的一些勝地，但對我來說，除了畫派之外，體會到的哲學及思想史更有意思。

長江沿岸

1982 年暑假，我拜會了內地五間大學。我與太太、兩個孩子從武漢坐船到重慶，當時的輪船非常殘舊而且人群擠迫。旅客坐船的選擇有三種：頭等可享用最頂層的私人套間，二等可坐椅子，三等則坐在地上。三等旅客多是農民和工人，最令我印象深刻的是他們旅程的目的是到別處尋找打工機會。以往，中國其中一個嚴峻的問題是在計劃經濟體制下的勞動力缺乏流動性。城市居民只能在某一個特定城市居住，農民在公社工作，而且被指派到一個大隊工作。1982 年公社制度下的集體農業已經消失，農民開始到附近城鎮打工，甚至更遠的城市工作。他們甚至遠赴他處售賣農產品，我們坐在船上可以見到他們運載雞和豬到其他地方兜售。我作為一個經濟學人，見證到一個自由貿易及勞動力流動的情境，相信人們的生活可以改善，這個經歷令我很激動。

沿着長江而行，可以體會到中國歷史的面貌，以三國時期的歷史為甚。由於中國坊間長久流行《三國演義》這部小說，人們對這時期的歷史也尤為熟悉。魏國領袖當年從漢朝奪取政權，因而控制着漢朝首都西安（當年稱長安）及附近的領土，包括了長江流域的西北地區；蜀國則佔領長江流域的西部，包括現今的四川省；吳國則在東部，包括現在的上海。諸葛亮是《三國演義》中蜀國的一個有名宰相，面對該國偏弱的軍力，他想出了在長江上火燒連環船，將敵人魏國的水軍摧毀。他的計謀是派小船到敵軍連環相扣的戰船放火，但他須借助東風才能把船全部燒毀，他只得求助神靈，或是純粹掌握預測天氣的本領。他是小說中三國的英雄，火燒連環船最後亦取得成功。任何閱讀過該部小說的中國人，來到赤壁這裏都會東張西望，一感諸葛亮當年在此的創舉。宋代文學家蘇軾曾在赤壁慨歎三國的故事，這又增添了長江的歷史痕跡。我在船上看到《前赤壁賦》中的景色時，告訴了兒子善智有關三國的故事，而我的女兒阿美年紀太小，興趣不大。

　　長江的部分河面較寬，我們在船上無論從任何角度都看不到岸邊。這裏有各式各樣的魚類及水產。沿着長江有一個城市的博物館，我們看到一個非常巨大的烏龜，它是從長江捕獲的。儘管位於北面的全國第二大河稱為黃河，但長江的河水也是黃色的。黃河、黃山在中國是兩個廣為熟悉的名字。中國的文明相信是起源於黃河流域，但最近考古發現其他地方包括靠近甚至是長江南面，也有類似中國古代文明的遺物。

　　這次坐船遊長江，最吸引遊客的要算是三峽，這裏河面非常狹窄，兩旁的山勢非常陡斜，水流甚急。從船上觀看如此風景真是令人難忘。人們探望名山，一個具吸引力的角度是從下向上望。山峰愈高，斜坡愈陡，景色則愈壯偉。很多遊客視長江三峽為中國最偉為奇觀的景色。基於一些原因，也許包括我對它的期望過高，我對此行感觸不算很大。事實上在穿過三峽時，還有點失望。自中國進行三峽工程時，水位已升高，而山的頂峰與水位的距離亦縮短，導致景觀吸引力大減。我之後並沒有重遊以觀察其變化，但相信這裏仍是一個很吸引人的旅遊勝地。旅客遊長江，能歷見三峽這項巨大工程的建造，將鑄下難忘的回憶。

歷史名勝：北京

　　北京是西方遊客首次來華必到的城市。她是中國的首都，集結着形形色色的活動，充滿動感和刺激。這個首都城市有故宮博物院、天安門廣場、頤和園、天壇及其他有趣的地方可以參觀。遊客也可以探訪附近的長城及明陵。人們要遊覽完這些勝地，需花上兩個星期。不幸的是，很多遊客只有十天時間就想要遊遍全中國。很多遊客亦想到其他城市看看，他們會選擇西安、上海、香港或到本章先前介紹的其他自然景觀玩玩，真正在北京遊玩的時間只有三到四天，於是只能匆匆忙忙看了幾個景點就回家。

故宮

　　北京的故宮是一個很大的博物館。當人們遊覽紐約市的大都會藝術館（Metropolitan Museum）時，花上兩到三個小時，也只能集中看看少許展品，而未必嘗試很快地走遍所有展覽廳。遊故宮也是如此，很多遊客只有三個小時在這裏遊玩，但這裏卻有很多帝王古建築及珍品可以觀賞。故宮是明、清時代皇帝處理國家大事的地方，也是整個皇室家族的住處；由於皇親與侍從眾多，需要的空間及樓房不少；而皇帝處理政事也需要相當的空間，因此故宮的面積闊大。從南面看起，先有一座建築物靠近南門入口，往北有連串的殿堂，引領至皇帝接見大臣及處理機要的地方。旅客遊故宮可以循南面入口，然後往北行，經歷一下參見皇帝的軌跡。除了那些從南到北的大殿之外，兩旁從東到西亦有不少殿堂值得參觀。遊客往北行，在北面出口離開故宮，可以乘坐的士到別的景點或者找餐廳吃飯。

故宮內外都有很多事物可看。南門入口處，就是天安門，屬於故宮的一座高牆大樓。走上城樓的平台，極目鳥瞰著名的天安門廣場，是個有趣的體驗。1949 年 10 月 1 日，毛澤東主席就在這裏宣佈中華人民共和國成立。當日有數以萬計的中國人現場聆聽他宣佈建國，共同慶祝這個偉大的歷史時刻。離開天安門，遊客可往北行，穿過一個一個的大殿，每個都代表了中國帝王的一些處事方式。每個大殿都有梯級引至門口，梯級兩旁有雕刻得精美絕倫的扶手。人們可以留意在門口前擺放的動物雕塑，以及殿內的大廳、天花板、牆壁、棟樑和內裏展品。遊客也可注意，大殿的門前地面豎放有長長的木條，名為"門檻"，是中國建築的特色，人們須跨過才能進入廳內。我記得古建築都會在門口設有門檻，雖然一般沒有故宮大殿的高。人們說門檻的作用是防止大雨過後水浸入屋。對於皇帝及其官員、家眷的建築樓房，門檻的設立相信是使人們不易於進入，在進入之前必須稍微一停，以示尊重及注意。此外，在殿堂的門前上方，則擺放一個牌匾，上面寫着殿堂的名稱。由於清朝由滿族人當政，有的殿堂名稱同時以漢字和滿洲字雙語書寫。殿內天花板高懸，雕刻精緻，值得細賞。各殿內有不同擺設，有的家具是由先前皇族遺留下來的，有的則展示不同的主題飾物，畢竟故宮現在已成為了一座博物館。

關於展品，實在有太多可說的。我對某些展館所展覽的書法及繪畫特別感興趣。於第二章有關書法及繪畫處，我已提及中國書法的一些特點，以助人們鑒賞。正如欣賞音樂一樣，人們要是能參與或是有所經歷，將增添他欣賞的歡愉。除了書法及繪畫之外，中國故宮藏有太多奇珍可以供遊人欣賞。雖然中華民國政府已把部分珍品搬到台灣去，並在台灣的故宮博物院展出，但北京的故宮博物院卻從全國搜羅出嶄新的珍品展覽，這些珍藏包括玉石、服飾以及皇室日常使用的精品，令人目不暇接。遊客可因應自己的喜愛而選擇鑒賞。

頤和園

頤和園的英文名字為 Summer Palace，正如其名，是帝王家族於夏季時避暑的皇宮。這裏有碧綠的湖水，令這個夏宮特別涼快。遊客往往被引領到一艘大理石造的石舫。該石舫有兩層高，記憶中有一百尺長、四十尺寬。導遊會解釋說，晚清末年慈禧太后在國家被多個西方列強打敗之際，仍挪用公帑建造此石舫。其實中國屢次戰敗並非因慈禧建造此船所致，但有些導遊就是這樣說。如果滿清政府有能力，中國可以引入現代化改革，使其在外交及軍事上面對西方強權時更有優勢。中國皇族的奢華生活並非中國問題的主因。無論如何，該石舫對現在及未來的一代將作享樂之用。除了這艘停泊不動的石舫之外，在湖上還有不少小船穿梭。遊人租借小船遊玩，從中觀賞頤和園的景色，也是不錯的方式。

　　環繞着湖水，頤和園內有不少古建築。1980 年暑假我曾在其中一棟召開計量經濟學的教學課程，這是當時東道主社會科學院能找到可容下一百人的最佳大廳。由於古建築是沒有空調設備的，當時學生坐在筆直靠背的椅子上，一個緊挨着一個，非常悶熱，人們只能依靠數把風扇習習而涼。我們作為主講者，在這炎熱的天氣只熱衷於講學，並沒有餘力欣賞外面美麗的景色。園內一個較為有趣的建築是彎彎曲曲的長廊，無論日曬雨淋，人們都可在樹蔭之下的長廊漫步聊天。人們可以想像，當年的帝王政要在長廊中緩緩散步，就國家大事交換意見。一部中國電影裏就曾有一個鏡頭，飾演中華民國首任正式大總統的袁世凱在這長廊上打量着，他若復辟帝制而一旦得不到其親信及議會成員的支持時，將如何是好？人們也可以想像一下 1901 年中國發生義和團之亂，慈禧太后走過長廊，正在思索怎樣面對八國聯軍入京？

　　從長廊向高處遠望，遊客可以看到山上矗立着一座大樓，內裏設有一所著名的餐廳，它以"仿膳"招徠、吸引遊客享用一頓皇帝餐。其菜式按理應與皇帝所享用的一樣，當年一餐共有一百個菜式。慈禧太后只是品嘗其中看起來能令她胃口大開的，其餘則不予動筷。當然，遊客與皇帝不一樣，要自行付賬。大部分遊客從皇帝的食譜中點菜，然後吃個精光。1980 年我首次品嘗仿膳的一些菜式，我原以為他們烹調的技巧足以侍奉皇帝，但結果卻令我對其水平不予讚賞。後來我多次到那裏用餐，每次都比前次為佳，這反映了中國經濟前進的訊號。我相信，只要人們堅持烹調藝術的進步，終有一天，那裏的菜式將會比清朝皇帝時代更為優勝。有人說，由於台灣的經濟進步，那裏最上好的茶葉已比從前改良，也比福建省為佳。

天壇

　　另一個遊客最喜愛的勝地就是天壇。傳統中國人於重要時令都需要到一個地方拜祭上天，感謝賜予人們美好的生活。於豐收時節，他們會感謝上天給予良好的氣候，使農作物得以成長，收穫纍纍。對於朝廷重要時日，帝王會感謝上天賜予他們福祉。天壇是明、清帝王祭天的地方。天壇又代表了中國的一種建築特色。它的造型是圓筒狀，上面蓋上五彩的瓦片。人們參觀天壇，會注視該建築以及四周的環境。在正常日子裏，很多遊客都前來參觀。由於古木葱鬱，空氣尤為新鮮。遊客可從遠處觀看天壇，或是走到天壇外望四周。

天安門廣場

　　天安門廣場位於故宮的南面，是全球最大的公共廣場。毛澤東主席曾向聚集在那裏的數以萬計的紅衛兵發表講話。舉

世聞名的 1989 年學運就是在天安門廣場發生的。為了慶祝中
華人民共和國成立五十週年，那裏舉行過一場大型的表演，透
過電視向全球轉播，其中最令人印象深刻的是閱兵儀式。代表
中國各兵種的軍人一批一批地健步而行，每張臉展示着一個敬
意的神情，人人面朝一方，每個步伐均整齊劃一，隊員一行行
的排列仿如間尺般筆直，隊員之間相距全是均等。人們從電視
轉播中看到的閱兵儀式，很難相信是人為的表現，可能會以為
是沃爾特‧迪士尼所繪製的卡通人物動畫。當我盛讚該項閱兵
大典時，一名普林斯頓的朋友告訴我他於少年學生時代，也曾
在國家重要事件時參加閱兵儀式，在天安門廣場前操演過。他
說，學生須於半年前參與密集式的軍事訓練，集訓非常嚴格，
並講紀律，每天花上數小時，像是主角要勤於練習準備上演一
場精彩的戲劇一樣。

　　當然，廣場也是一個漫步的好去處。那裏有多個有意義
的景點值得參觀。廣場的西面是人民大會堂，建築宏大，足
夠容納每年前來參政議政的三千名全國人大代表。那裏有很多
房間，每個省、自治區、特別行政區均備有專設的廳堂，人大
代表在所屬省份的廳堂出席會議以討論政府報告。這裏有多個
大廳，是中國政府官員與西方政要會晤的地方。廣場的東面是
歷史博物館，其中一個展覽廳展示中國由古代至現在的歷史進
程。我已知道展覽的內容是以馬克思解釋歷史的方法陳述，其
要旨在於中國朝代的轉變是被剝削的農民不斷革命的結果。馬
克思認為一個社會是由社會階級所構成，在 "階級鬥爭" 中一

個階級與另一階級發生衝突。他的如此想法是源自觀察十九世紀英國的情況，當時工人階級被資產階級所剝削。他認為，社會能達致改變，需要無產階級的革命。雖然這個階級鬥爭尚未在中國發生，但馬克思主義者可以解釋說，朝代的更替是因被剝削階級的革命所致。由於中國傳統上並不存在工人，只有農民是窮人，農民遂被視為被剝削者。故此，那些鬥爭就被說成是農民革命。一個較為自然的解釋是，一個朝代衰落的原因是統治中國的皇帝及官員並沒有很好地發揮職能效用，結果他們失去上天的授權，一些革命者組織起來推翻當時的統治者。這些參與鬥爭的人們實際上大部分是農民，而知識分子不是人數不足，就是沒有興趣或沒有能力去鬥爭。從中共革命起家就可看到，革命是由毛澤東領導，他曾一度作為知識分子在北京大學圖書館工作。他的軍隊主要是由農民組成。蔣介石於北伐期間的軍隊也是農民所組成。聰明的領袖往往利用農民來為自己的政治利益鬥爭，而這也可能同時是為中國的利益而進行。2003 年 2 月歷史博物館已改為國家博物館，以擴闊其展品內容，包括中國在科學技術上的發明及發展。

　　北京實在有太多有趣的事物與地方可參觀，但我在這裏不能一一盡錄。譬如，在故宮以北的北海公園，那裏有漂亮的古木、可供划艇的湖泊。北京有更多的佛廟、公園、大學、胡同、片段零落的舊城牆（大部分的城牆已被拆除以便擴闊道路，很多市民對此感到遺憾）、古玩商店、書齋，以及無需多說的北京美食和餐廳等。

北京周邊

長城是遊客的必到之地。在市區有空調巴士搭載遊客到長城，車程需一個半小時。人們可以在長城附近步行以欣賞這項偉大的歷史建築，並徒步登上一段長城。我發現開放予遊客登上的那段長城非常之陡峭，出乎從遠處觀望所想像的。從長城的石級及牆身檢視一下，人們不禁好奇地問這項艱巨及龐大的工程在兩千多年前，工人是如何建成的呢？事實上，當秦朝第一任皇帝興建及連結不同地段的長城，被招募的工人多年都不得回家；如此任務現在看來並不人道，但在奴隸社會是非常普遍的。長城歷經多個朝代興建，而且長度超過一千英里。長城的很多地段已經失修毀壞，但其中靠近北京的一段已修復作歷史保存，同時供遊客賞玩。

基於地理上的便利，同一旅遊巴士會途經明陵。明朝帝王與前朝皇帝一樣，去世後希望得到風光大殮，葬於巨大而精妙的墓地建築，以求死亡後能延續其榮華富貴的生活。帝王死後，不光是其所屬物品陪葬，連其近身侍奉者也得同時陪葬。帝王視墓穴的大小，仿如住宿空間一樣，愈大愈好。由於殉葬品乃是先王尊貴有價值的物品，因此能吸引遊客。墓穴的四周，無論是皇帝在世或故去都是風水至上。由於不同年代的皇帝及近親盼望能下葬於同一地帶，所以他們選址時就得預計能否同時容下，這說明了明代墓群聚集在一大片地方的原因。每個墓穴必須面向正確的方向，而且坐落於一個設計甚佳的格局，仿如今天住屋也講究風水一樣。兩旁最好是有山脈作掩護，墓地要向南，也許要抵擋從北而來的寒風。中國人相信，如果祖先在墓園住得舒適，其後人也會繁榮昌盛，生活如意。

六朝古都：西安

西安最著名的是秦王兵馬俑。我剛剛說過中國人看重墓地的性質及功能，於是人們就會很容易明白秦朝帝王希望自己擁有一個龐大及壯觀的墓地。他的墓園佔地直徑 1.5 千米，乃藏於一個小山，山坡不太陡。秦王墓大部分的區域尚未開闢，供遊客參觀的只是一小部分，從墓地的大門引領到地下皇宮，這裏已須派上數以千計的士兵保衛。目前約兩千個兵俑已被發掘及修復。秦王墓的確非常壯觀，不要忘記，它是於兩千多年前建造的。看看兵俑的臉部表情，其工匠的水平實在令人讚歎。兵俑個個不同，代表了不同的人物。如此龐大規模的雕塑，能夠這麼優質，甚為難得。秦朝的雕塑家一定是飽受壓榨而製作成這麼多栩栩如生的兵俑，它們大小、形態類同，但容貌及表情則各異。此外，也有馬匹及馬車的陶俑，作為士兵的配套。人們可以想像，光是墓園門口這一小部分已有數以千計的兵馬俑，秦王墓這皇宮的裏面還有什麼？

西安博物館非常靠近秦王墓，博物館內收藏着秦朝的古物。我對於所展出的秦朝兵器歎為觀止，因為它展示了秦代先進的技術。人們可以領悟到秦朝為何能有征服六國及統一中原的本領。秦朝當時的軍事力量，大約可與德國於二次大戰時對付西歐多國的相對軍事力量相比（至少以一段時期來說）。德國的大砲、坦克、戰船及潛水艇被視為當時技術上最先進的裝備之一，部分武器現在已藏於博物館裏。

西安本身是一個歷史名城。她是周朝的首府，當時稱為"長安"。"長"的意思是長久、延伸及持續，"安"是指和平。這看來非常符合一個首都的名稱。在周朝後期，曾遷都洛邑（現為洛陽）。歷史學家稱早期為西周，後期為東周，以其東遷首都作為分界。長安改名為西安，示其西面的意思。古老的長安現今只餘下少許殘垣。西安在中國現代歷史上也扮演了重要角色，1936年的"西安事變"中，蔣介石被張學良將軍軟禁，迫使其與共產黨議和，採取聯合共產黨的方式以對抗日本侵華。這個事件制止了蔣介石圍剿共產黨，歷史因而改寫。人們不禁會問：如果沒有西安事變，中國的命運將會怎樣？

西安在繁榮的唐朝時代也是首府。唐代以詩歌聞名於世，唐代盛名的詩人白居易曾作詩慨歎唐明皇與楊貴妃的一段纏綿感情，該愛情故事正是發生於西安。白居易的《長恨歌》記載："春寒賜浴華清池，溫泉水滑洗凝脂；侍兒扶起嬌無力，始是新承恩澤時。"詩中的華清池就位於西安，也是張學良捉拿蔣介石的地方。當遊客到這裏參觀時，導遊就會告訴說，華清池是唐代楊貴妃出浴的地方，而附近的後山就是當年蔣介石嘗試逃跑而被拘的地方。現今遊客也可在那裏享受溫泉浴，當然並非在華清池，而是備有專供遊客使用的房間。

玖

US-CHINA
RELATIONS

中美關係

　　我已從不同的角度展示了中國的特點，這些背景知識能幫助大家對中美關係有較好的理解。本章我首先會談到美國的實力在全球處於主導地位，之後，我將討論中美關係的基礎，並提出中美雙邊關係應從東亞地區的權力結構中來觀察。有些美國人視中國為美國的威脅，但我將討論若把中國視為戰略性夥伴對於美國可能存在的好處，正如前總統克林頓的建議以及到布殊已有所領悟。

從"九一一"事件看美國的世界強國地位

　　第二次世界大戰至 1989 年柏林圍牆倒塌，已經歷近 45 年，期間由於美國與蘇聯勢力均衡，世界和平得以維繫。冷戰結束之後，世界和平及安全已經由美國主導，而且將會繼續如此。美國至今仍是世界上最強的國家，美國的軍事實力在某些方面甚至可能超越世界的總和，以核武器的實力來說，是千真萬確的。美國作為全球最強的國家，在維護世界和平及安全方面擔任重要角色。究竟美國如何作為世界強國，對決定全球和平及安全扮演着什麼樣的重要角色呢？

　　2001 年"九一一"慘劇標誌着美國作為世界領袖的角色受到挑戰。恐怖主義組織襲擊美國世貿中心和國防部大樓，導致數以千計的美國人死亡，且傷者無數。美國向恐怖主義組織宣戰，以捍衛國內人民的安全。美國這樣做更彰顯了其作為世界領袖的角色。在消滅世界恐怖主義的過程中，美國對潛在的威脅採用了先發制人的攻擊，一再展示其過人的實力。美國已發現自己與各國存在的矛盾乃前所未有之多。截至我寫這本書時，美國的敵人包括阿富汗、伊拉克及北韓。由於恐怖分子可以無處不在，而且任何擁有危險軍事武器的國家都可以窩藏恐怖分子，這都可能威脅到美國人的安全，因此，美國利用先發制人的嶄新攻擊策略，該策略是美國及二次大戰後任何國家都未曾採取過的。雖然現時並沒有任何國家的實力可以威脅到美國，但是，為維持美國的領導地位及對付恐怖主義，美國需要其他各國的支持與合作，這比任何時期都要迫切。2003 年 2 月，美國向伊拉克宣戰，在尋求中國、法國、德國及俄羅斯的支持時遭遇困難。美國要維持日益參與世界事務的領導角色，必須爭取其他大國的支持，包括中國。

中美關係的基礎

　　二次大戰後，美國已是一個超級強國，與蘇聯勢均力敵，共同主導世界大局。柏林牆倒塌後，共產主義陣營分裂，蘇聯的威脅消失，美國與之軍備競賽亦告一段落。有些美國人的頭腦裏仍然覺得有敵人要面對。對於他們來說，很容易就會以社會主義的中國對應蘇聯的位置。作為一個超級強國，美國很自然期望繼續其領導地位。與此同時，中國以世界強者的姿態出現，儘管從軍事角度看暫未可能與美抗衡，但有些美國人仍感覺到在與中國展開一定程度上的競賽。

　　究竟美國應視中國為朋友還是敵人呢？歷史上中美之間曾存在特殊的友好關係。美國幫助中國建立具現代化規模的學校及醫院，而且兩國在二次大戰期間是盟友；但從另一角度看，美國不會與實行共產主義的中國交好，因為二次大戰後，共產主義被認為會危害世界和平及安全。九十年代東歐及蘇聯的社會主義陣營崩解，並進行一系列的經濟轉型，這需要人們用一段時間去瞭解，國際共產主義並不存在對世界構成威脅。現在只有極少數國家仍然奉行共產主義，中國及越南也早已對其經濟及社會制度進行改革，不會危及世界和平。

　　要分辨一個國家是以共產黨執政，還是真正以共產主義施政，是極為重要的。中國實際上已奉行市場經濟。如果中國領導人鄧小平決定將計劃經濟改革成市場經濟時，更改了“共產黨”的名稱，那麼美國早就與中國結成夥伴了；但現實上要是鄧小平這樣做，黨內成員是否支持實施經濟改革則將十分成疑。我們必須將中國政府的行為看個明白，而不是美國人所習慣的從共產黨名義上統治中國來看問題。一些美國人腦子裏既定地認為中國共產黨是壞的，然後拒絕接受新的證據來重新評定中國，這是不對的，根本無法客觀地認識中國。中國共產黨面對變幻的世界局勢，已懂得適當調整自己的施政理念和方針。只要觀察一下中國的政策，無論實行市場經濟改革、吸收外資的措施，還是接受西方理念，改進教育體制，容許人民自由流動及放寬言論，都能看到其受歡迎程度。人們應可總結出中國共產黨以及政府官員為了努力將國家現代化，表現出理性、聰敏和務實的態度。如果一味只執念於中國過去以意識形態執政的落後面貌，而忽視她在實踐發展上的力爭最好，那是不妥當的。無論中國政府有多優劣，但不可否認，中國是一個人口龐大的國家，具有深厚的文化傳統，而且在民族復興上任重道遠。美國對中國人民及政府有更多的理解，將使中美關係更鞏固。

東亞權力結構中的中美關係

中美的戰略關係可以從東亞地區的權力結構中得以理解。中美兩國均熱衷於利用該地區的地理作用。美國是最有實力的一方，於1945年二次大戰中挫敗日本後，從此奠定舉足輕重的地位。要是沒有美國干預，日本可能已在東亞建立“大東亞共榮圈”。日本於1937年與中國交戰，展開其控制或征服該區的第一步，亦是最重要的一步。日本利用“共同繁榮”這個口號以圖吸引亞洲國家從歐洲國家中解放自己，被號召的東亞國家包括緬甸、印度、印支、印尼、馬來西亞及菲律賓。日本希望在東亞取代歐洲的地位，襲擊珍珠港美軍是破壞其大計的一環。當日本於1945年被打敗，美國是亞洲的救世主，而且在該區代替日本扮演領導者角色。美國佔領日本，而且改變其政府結構，日本變成了美國的追隨者。

與此同時，美國在區內的主要威脅勢力來自中國及蘇聯。兩國都是二次大戰時美國的盟友，但很快又互相成為敵人。美國與蘇聯之間進行權力鬥爭，兩國的主要衝突圍繞歐洲國家結盟的問題。東歐國家成為了以蘇聯為領導的華沙公約組織的成員，而西歐國家則聯結美國的北大西洋公約組織。美蘇爭執的焦點也涉及亞洲。原是盟友的中國於 1949 年由共產黨執政，對於美國（以及我個人作為中國留學生）來說，產生的影響非常巨大；美國因此視中國是共產主義陣營的一部分。冷戰的開始，由美蘇兩國牽頭，競賽的焦點有時是意識形態、共產主義及資本主義，或是民主之爭。共產主義代表的經濟及政治體制兩方面與美國堅持的資本主義及民主截然不同。無論冷戰被視為政治鬥爭還是意識形態衝突，東亞的和平及政治穩定須視乎兩國鬥爭的結果。

冷戰期間，日本已不是東亞地區的強國。1949 至 1991 年東亞主要是由美國、蘇聯及中國三強的影響力所左右。為了遏制共產主義或蘇維埃勢力（這兩者對美國來說是一回事，儘管有時不正確），美國曾兩次出兵，一是五十年代初的韓戰，另一是六十年代的越戰。美國在聯合國默許下率兵參與韓戰，而中國則與美方的敵軍為盟，故也成為了美國的敵人。至於越戰，美國單獨出兵，對頑強的越共久攻不下，導致美國國內出現反戰浪潮。最後美國與戰勝的越共政府交好，這個友好政策顯示了美國政府不再視每個共產黨政府是一個威脅。這一點應該記住，因為反映了美國對中國的關係也要重新部署。與此同時，東亞地區中的北韓對美國一直構成嚴重的威脅，2003 年春季更聲言有意再製造核武器。對於北韓問題，美國依賴中國與之交涉，以解決核武擴散問題。東亞最令人擔憂的是，北韓的行為潛在爆發戰爭及政治動盪等問題。

今時今日，東亞政局的特點是再沒有涉及四強（蘇聯、中國、日本及美國）的衝突了。蘇聯於 1991 年解體，俄羅斯看來沒有尋求擴張，中國也沒有。從中國歷史上看，即使在大盛的漢朝，中國人也鮮有領土擴張，只滿足於捍衛己方領土及防範外族入侵；也接受鄰國向其朝貢，但沒有佔據其成為自己領土的一部分。今天的中國政府並沒有興趣致力於領土擴張，其軍費開支不高，只佔 GNP 的 2%，與美國的 14% 相距甚遠。中國意識到當前最好是集中精力改善人民的生活。戰爭的風險、代價太大，而且令人厭惡。對於中國政府來說，軍事擴張的成本高昂，得不償失。至於台灣，中國視之為其領土的一部分，我稍後將說及。總之，中國不是區內的威脅。至於日本，其軍事薄弱，而經濟則一度十分強勁，只是近十年經濟衰退，現正忙於國內經濟復甦的問題。四強餘下的是美國，也無意於在東亞佔取別國的領土。

如果四強均不願在東亞擴張，區內的和平及穩定可以由區內各國相互合作予以維持。上述以權力結構來分析東亞情況是成立的，不管北韓最近的核武威嚇造成怎樣的結果。要保持區內政治穩定，最佳的做法是四強合作對抗任何可能引起的威脅。我用"權力結構"（power structure）這個概念來分析東亞地區關係，政治學者則會聯想到國際關係理論中有關於權力政治的"權力平衡"（balance of power）狀態。"權力平衡"

這個概念是指，當列強為了爭奪領土而形成利益衝突時，局勢得以穩定維持是由於有一個強國的勢力壓倒其他國家而達到平衡的狀態。但是，近年的東亞地區，已沒有表現出哪一強國在該區進行軍事擴張，改用"權力結構"這個詞來表達比較合適，即是說，以多個強國合作這個結構來對付北韓核武擴散問題是必需的，中國與美國的合作尤為關鍵。（編者按：2016 年 3 月，聯合國通過了對北韓新的制裁決議。）

北京與台灣可能引起的衝突

　　台灣問題可能是中美之間一個衝突的來源。北京認為，台灣是中國的一部分，美國則強烈反對中國以武力統一台灣。而實際上，可以從以下多個理由說明北京是不會利用軍事攻擊台灣的。首先，中國政府正全力促進大陸經濟及政治現代化，並沒有餘力攻打台灣。第二，攻打台灣是冒險的，因為台灣擁有頗強的海軍及空軍自衛反擊能力，而且美國可能插手為台灣援軍。北京一旦攻打台灣失敗，將會陷於嚴重的內政問題，須花上更大的努力才能重拾國內政治穩定的局面。第三，即使北京軍事攻打台灣成功，奪回統治權，中國政府亦不會得到台灣人民的支持，管治台灣將是一項艱巨任務。第四，軍事行動將受到國際社會譴責，危及外資的信心，並傷害其國際聲譽。

　　中國領導人和政府官員反覆強調，台灣是中國領土的一部分，而且任何宣告台灣獨立的行為將不會得到容忍，必要時會以武力解決問題。中國領導人需要表明這些立場來達到中國民眾的期望。中國民眾長久以來都認為，台灣是中國的一部分，如果中國政府放棄對台灣的主權，將失去大陸人民對其的信心。針對台灣官員台獨的言論，中國政府曾部署軍隊到台灣對岸的福建省作軍事威嚇，期望能提高討價還價的能力以磋談統一。要是台灣政府宣告台灣獨立的形式，達至北京所不能接受的程度，中國政府可能重複 1996 年李登輝競選第一屆 “總統” 時發射導彈以威嚇台灣的做法，甚至封鎖某些區域，使台灣經濟陷於巨大的震動。

對於北京，統一台灣是非常重要的千秋大業，但擁有台灣主權並不意味着軍隊進駐台灣。這一點，中國的立場是非常清楚的，中國政府容許台灣政治制度不變，可以自行管治及保存台灣的軍隊，只要台灣在名義上以某一種形式彰顯為中國的一部分。如果台灣政府承認是中國的一部分，各方面都可以維持現狀，這顯示了中國政府並沒有企圖佔有台灣，或是從北京派人，或是委任某些台灣人管治台灣。北京堅持台灣必須承認是中國的一部分，而不能宣告獨立。即使該問題出現，中美之間亦可以解決：美國會要求中國放棄用武力攻台，而事實上中國亦不會這樣做。惟一令人擔心的是：台灣政府可能宣告獨立，儘管美國已勸告台灣不要這樣做。

中國並不構成對美國的威脅

中國不可能構成對美國的軍事威脅。中國軍事上沒有能力，也沒有企圖這樣做。美國的軍事力量強勢，超越中國實力數以倍計。中國並沒有意圖發展成軍事強國，而是着力於發展經濟，維持國內政治穩定及社會秩序。中國並沒有企圖以軍事擴張領土，而台灣問題只是一個例外，但我剛才已說武力攻台的可能性甚低。除了台灣問題之外，如果我們關注中美之間的其他矛盾，作為超級強者的美國應有能力解決。

中美經濟競賽

可是，從經濟實力上看，如果我們將"威脅"定義為中國的經濟實力比美國增長相對為快，那麼，中國對於美國的經濟強勢是可以構成威脅的。我於第三章曾預測，至 2020 年中國的生產總量以購買力計算將等同或超越美國。另一方面，由於中國勞動力價廉質優，美國及其他發達國家的製造業很多已遷往中國。這將出現美國工人對服務業需求下降，而且工資下調，以及失業率提升。這個趨勢是無可避免的。要解決這個問題，美國須將一些製造業提升至高科技工業或服務業，並配合中國的發展。從歷史上看，這種生產轉移在美國曾發生過，須防止整體失業率長期上升。在短期內，被淘汰的工人必須面對痛苦的調整，其中部分所受的痛楚會很深。

美國工廠搬往中國可聘用低廉的勞動力，將為美國帶來更

高的整體國民收入，但是對工人來說，則是低工資、低就業機
會。當資金和廠房一起遷往中國內地，美國將出現資金投資減
少，從而亦會降低美國生產總值，但是這些流往內地的資金將
會賺取更多，以抵銷在美國損失的生產總值，這將使得美國國民
淨收入增加。當工廠搬往中國，美國可取得國民收入或生產物，
但服務於同類工廠的工人將面臨失業或減薪。而包括美國工人在
內的人們，若持有那些搬廠至中國的公司股票，則會另有斬獲。

　　上述分析我沒有考慮到其他可能發生的事情。中國低廉
的勞動力將提高美國工人的積極性，為求一職而致力於改進技
能，這使美國企業發展創新產品或服務時能及時聘請到相關高
素質人才。這是經濟全球化過程的一部分。中國入世後容許外
商與內地國企及商業銀行競爭，有關的影響我已談及。美國擁
有大量資金而多於勞動力資源，而中國則擁有大量勞動力多於
資金。當資金從美國流進中國，將會使中國的資金回報下降，
而美國則是工資下降，但是，中國工人的工資將得以提高，美
國的資金回報也會上升。中美兩國的經濟將必定出現調整以適
應新的變化。長遠來說，兩國經濟將會改善，在經濟全球化之
下，兩國的國民收入將會較快地增加。

　　中國經濟增長對於美國有多項好處。首先，正如我們所
說的，中國提供給美國投資者無數的機會。美國公司在中國設
廠可以增加他們的盈利，股票持有人可以獲利，國民收入也會
增加。第二，中國提供了一個龐大的市場，可以消化美國內部
生產的商品，並促進這些行業的就業機會。第三，中國生產了

大量價低而質優的消費品，美國消費者從這些入口產品中得以
受惠。由此，中美經濟合作對雙方均有好處。

中美作為夥伴

　　中國能否成為美國的夥伴，主要取決於美國。中國政府
及人民多次表示願意與美國交好。美國對中國的態度則有點讓
人捉摸不定，一時視之為夥伴，一時視之為競爭對手。克林頓
政府意識到美國要在全球處於領導地位，與中國合作就顯得十
分重要，所推行的政策也視她為 "戰略性合作夥伴"。布殊總
統接任後則有所改變，國務卿鮑威爾曾在美國參議院聆訊時公
開否認上述關係；但布殊上任不足一年，又意識到把中國視為
朋友的重要，並改變其政策。布殊承認，美國要消滅世界恐怖
主義，須得到中國及其他國家的支持。中美兩國正在努力結為
夥伴。無論克林頓或布殊政權，只要他們嘗試，均可成功與中
國結伴。

　　要與中國建立鞏固的夥伴關係，其實是簡單和明瞭的。
美國希望加強其國際領導地位，中國則是經濟及政治大國，雖
然軍事上與美國實力懸殊。美國作為世界領導者在中國這個政
經強國的支持及合作下，將更為突出。

　　對於上述簡單及明瞭的主張究竟會否有一些例外呢？首
先，當中美之間存在利益矛盾時，可能陷於各持己見。如果
這個情況出現，仍是與一個友人比與一個敵人談判為佳。一個
朋友較為樂意妥協，因為他期望與對方維持長期的相互利益關

係；而與敵人談不攏則可能觸發戰爭。所以，即使矛盾可能存在，美國視中國為夥伴仍是較為理想的。第二個可能的情況是中國不願意成為美國的夥伴，但是中國已強烈表明期望成為美國的朋友，而沒有任何姿態要拒絕這份友誼。即使美國對中國政府友好的期望存疑，但其政策最好仍是視中國為夥伴，並看看之後是否會開花結果。

我已指出兩國經濟合作的利益，一是美國消費者可享受優質而價廉的中國產品，二是美國投資者投資中國可賺取利潤，三是美國出口商可受惠於中國愈來愈龐大的市場。中國入世後對其經濟發展有利，其他國家也因而得到好處，在經濟全球化的過程中一直是先鋒的美國，更不應例外。至於兩國在政治上的合作，現尚未能很充分地看到，但潛在的利益是非常清晰的。

亞洲和平及政治穩定有賴於中國、印度、日本、巴基斯坦、俄羅斯及美國的合作。由於印度與巴基斯坦之間尚存在未解決的矛盾，這需要在區內留有一個強大的國家在衝突發生時出面解決。對於北韓的核武威脅，中美之間需要合作處理這一問題。中國是世界上一個重要國家，她在全球其他地方亦扮演維持政治穩定的角色，包括伊拉克、伊朗、以色列及巴勒斯坦的紛爭，以及非洲的戰事。中國是聯合國安理會常任理事國，與中國為友，總比作敵為佳，對美國處理國際政局十分有利。

中美關係過去時好時壞，但自"九一一"事件以後大為改善，並在一個友好基礎上得以維持。美國的外交政策以消滅世界恐怖主義為目的，美國需要中國的支持，而中國有能力幫忙，包括對聯合國決議調查伊拉克可能存在生物化學和核武器，以及對北韓核威嚇尋求非軍事解決方案，均投以贊成票。美國政府已意識到與中國建立堅固的夥伴關係，將會消滅恐怖主義及維護全球和平穩定，強化其領導的角色。美國前國務卿鮑威爾於 2003 年 2 月結束訪問北京時，在記者會上公開宣佈中國是美國的朋友。2 月 28 日香港英文報章《南華早報》報導了鮑威爾的部分講話：

"美國與中國的關係已步向一個新階段。除中美兩國於 18 個月內三次會晤之外，總統布殊及國家主席江澤民經常通電話，我與中國外交部部長唐家璇亦每隔一星期會面，期間我們也通過電話作經常性溝通。美國及中國現正注視⋯⋯ 全球關注的議題，不只是我們雙邊之間的，而是那些影響全球的事務。

"作為聯合國安理會常任理事國，美國與我們的中國同伴緊密工作以確保⋯⋯ 伊拉克不可以繼續威嚇國際和平與安全⋯⋯ 。

"美國同時（與中國）分擔消滅朝鮮半島核武器的目標。美國感激中國與北韓持續的溝通⋯⋯ 。

"中國肯定對反恐擔當了一份職責，同時我們合作的程度相當愉快⋯⋯ 。

"人權及宗教自由是我們雙邊關係中其他重要的領域，我們對此仍有些關注。該領域經歷一年重要的發展，去年 12 月中美就人權問題進行一次有成果的對話。我們察覺到解決中國人權問題有些障礙……美國已深切地關注到一位著名的西藏人物被處決、至少有 12 名民運人士被拘留，以及持續存在一套不一致及不完善的法律及司法程序。我們的目標是將人權問題變成雙邊關係的一個正面因素。

"美國與中國的合作關係日益緊密，不僅有利於我們國家，也將促進地區穩定及世界和平。"

中美關係近年來的發展

中國經濟發展以後，對外的經濟實力擴大。資本外流，包括物資、人力與技術轉移，如同中國在改革開放初期引進外資的情形一般，引進外資的國家則獲得裨益。現在中國的資金流向外國，增加了當地的資本。資本增加後當地勞力的需求便會增加，提供多了給當地居民就業的機會。而從反面來說，中國的資金外流也受到兩方的反感與批評，接收方可能會認為中國是一個霸道的國家。

中國的勞工到受益的國家工作，常會歧視當地的居民，認為他們的文化沒有中國的高。接受中國投資的國家，人民多半是貧窮的，也沒有充分受過教育，而且他們的文化和生活方式與中國不同，所以常會受到歧視。當中國經濟還未發展時，歐美的強國在中國活動，歐美人士也覺得中國的文化不如他們，亦歧視中國人，以致令中國人感到憤怒，更激起人們反對帝國主義的侵略。今天中國對外投資，接受投資的國家人民，

也會感到 "帝國主義" 的色彩，以至對在他們領土工作的中國人產生同樣的反感。

數十年來，美國是全世界最富有、軍事力量最強的國家。中國民族復興與經濟發展以後，有能力與美國抗衡。美國視中國為其對手，其實這種看法有一定道理。有些經濟落後的國家，從前需要美國的資助，現在則得到中國的資助。美國的經濟地位受到威脅，使其希望中國經濟與軍事的力量不要再擴大。在經濟方面，最明顯的例子是反對中國牽頭的亞洲基礎設施投資銀行。其實亞投行，像從前由美國推動建立的世界銀行一樣，讓富有的國家供給資本以資助貧窮國家的經濟發展，至 2015 年已有 57 個國家參加。建立一所這樣的銀行對世界的經濟發展是有利的，目的和美國從前推動建立的世界銀行一樣。但是現在美國極力反對，因為美國正在與中國競爭，不願由中國推動的項目成功，甚至反對建立一所對世界有利的投資銀行。

同時，還有中美軍事上的對立。中國變成一個經濟大國以後，軍事力量也增強了，雖然中國的軍費開支沒有像美國那樣大。美國的軍事活動包括在世界各地駐軍，比如在韓國、越南、伊拉克、阿富汗等國家。現在中美的軍事對立發生於中國沿海的島嶼和對海上物資利用的權利上，是中美在太平洋西岸的競爭。

數千年來，中國是一個文化水平很高的強國。後來西方科技進步，利用新型武器從鴉片戰爭開始侵略中國，把中國變為一個半殖民地的國家。現在中國復興了，其資本向外輸出，幫助世界上經濟比較落後的國家發展，對這些國家是有利的，但是也引起受益國家和美國的反感。希望中國政府的領導意識到這種反感，並設法調整中國的對外政策以促進中國與受益國家以及美國的友好關係。

這本書我已嘗試向中國以外尤其是美國讀者介紹中國，讓人們注視這個在世界舞台日漸冒起的國家。加深對中國認識，可以有助於中美兩國人民及政府促進合作，以至世界和平和安全。

參考書目

Allen, Franklin, Jun Qian and Meijun Qian, "Law, Finance, and Economic Growth in China." University of Pennsylvania: Finance Department, The Wharton School, November 2002.

Annals of Mr. Liang Yansum of Sanshiu, volumes 1 and 2 (in Chinese). Hong Kong, private publication, 1939. Reissued as amonograph in the "Modern Chinese History Series," Taipei: Wenxing Book Company, 1962.

Au, Ada. *Do Women Hold Up Half the Sky? An Examination of the Gender Income Differential in Urban China Between 1986 and 1992.* Princeton University: Economics Department, 2000.

Buck, John L. *Chinese Farm Economy: A Study of 2866 Farms in Seventeen Localities and Seven Provinces in China.* Chicago: University of Chicago Press, 1930.

Butterfield, Fox. *China: Alive in the Bitter Sea.* New York: Times Books, 1982.

Chan, Wingsit. *Source Book in Chinese Philosophy.*

266

Princeton: Princeton University Press, 1963

Chow, Gregory C. *The Chinese Economy*. New York: Harper and Row, 1985; second edition. Singapore: World Scientific Publishing Co. , 1987.

Chow, Gregory C. *Understanding China's Economy*. Singapore, World Scientific Publishing Co. , 1994.

Chow, Gregory C. "Challenges of China's Economic Institutions for Economic Theory," *American Economic Review*, vol. 87, no. 2 (May1997), pp. 321–327.

Chow, Gregory C. *China's Economic Transformation*. Oxford: Blackwell Publishers, 2002.

Fong, Wen C. *Beyond Representation: Chinese Painting and Calligraphy 8th–14th Century*. New York: The Metropolitan Museum; New Haven: Yale University Press, 1992.

Fong, Wen C. and James C. Y. Watt. *Possessing the Past: Treasures from the National Palace Museum, Taipei*. New York: The Metropolitan Museum; Taipei: National Palace Museum, 1996.

Harris, Jr. Robert E. and Wen C. Fong, *The Embodied Image: Chinese Calligraphy from the John B. Elliott Collection*. Princeton: The Art Museum, Princeton University Press, 1999.

Hightower, James and Florence Chia-Ying Yeh, *Studies in Chinese Poetry*. Cambridge: Harvard University Press, 1998.

Huang, Kerson. *I Ching: The Oracle*. Singapore: World Scientific Publishing Company, 1984.

Hughes, Neil C. *China's Economic Challenge: Smashing the Iron Rice Bowl*. Armonk: M. E. Sharp, 2002.

責任編輯　鄭海檳
版式設計　楊淑梅
封面設計　陳嬋君

書　　名　認識中國
著　　者　鄒至莊（Gregory C. Chow）
譯　　者　廖美香
出　　版　南粵出版社
　　　　　香港北角英皇道499號北角工業大廈20樓
　　　　　八方文化創作室
　　　　　香港九龍尖沙咀山林道46-48號運通商業大廈1004室
香港發行　香港聯合書刊物流有限公司
　　　　　香港新界大埔汀麗路36號3字樓
印　　刷　美雅印刷製本有限公司
　　　　　香港九龍觀塘榮業街6號4樓A室
版　　次　2016年7月香港第一版第一次印刷
規　　格　特16開（150×228 mm）280面
國際書號　ISBN 978-962-04-3947-6